みんな忘れた

記憶のなかの人

Nomiyama Gyoji
野見山暁治

平凡社

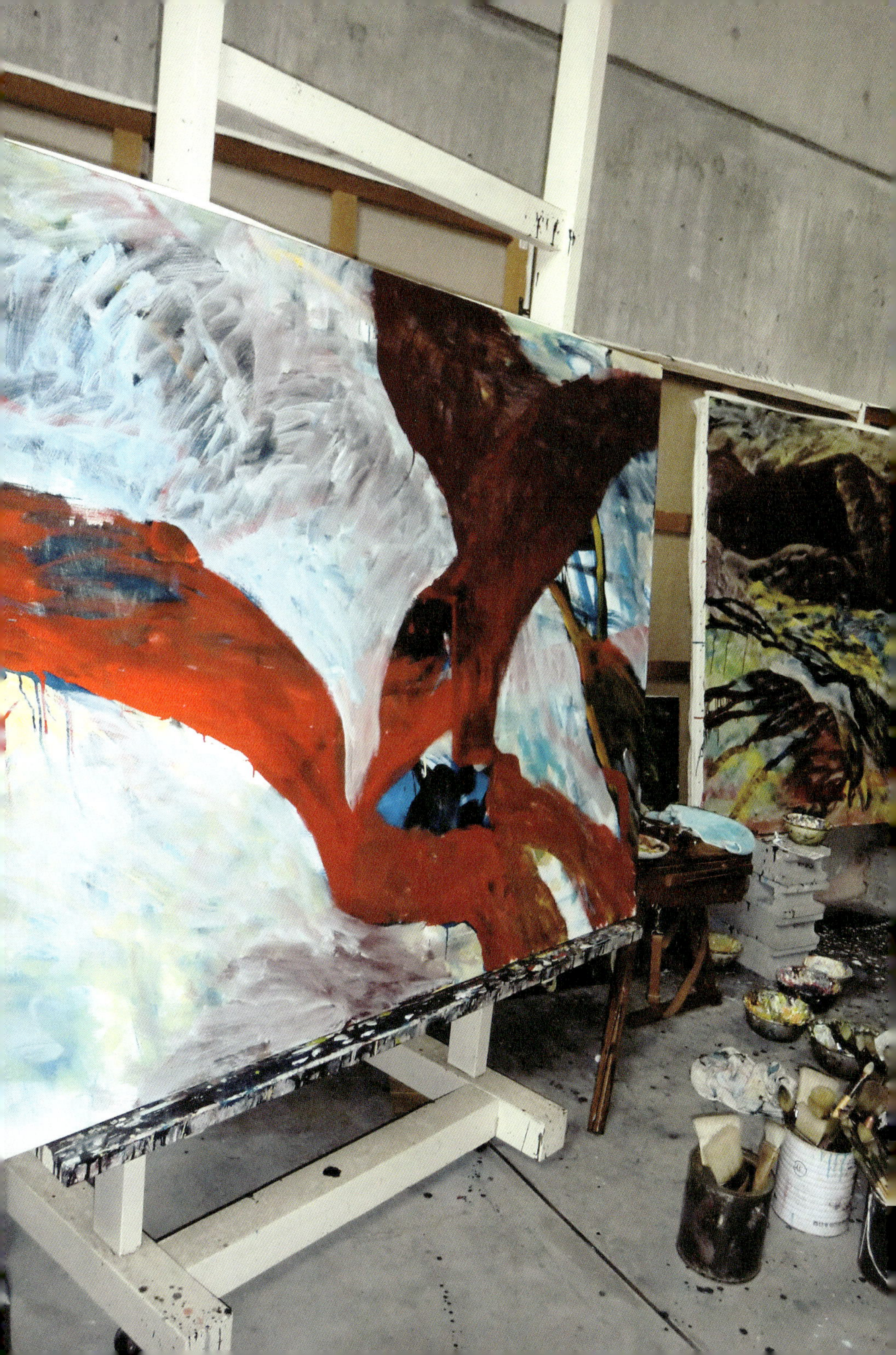

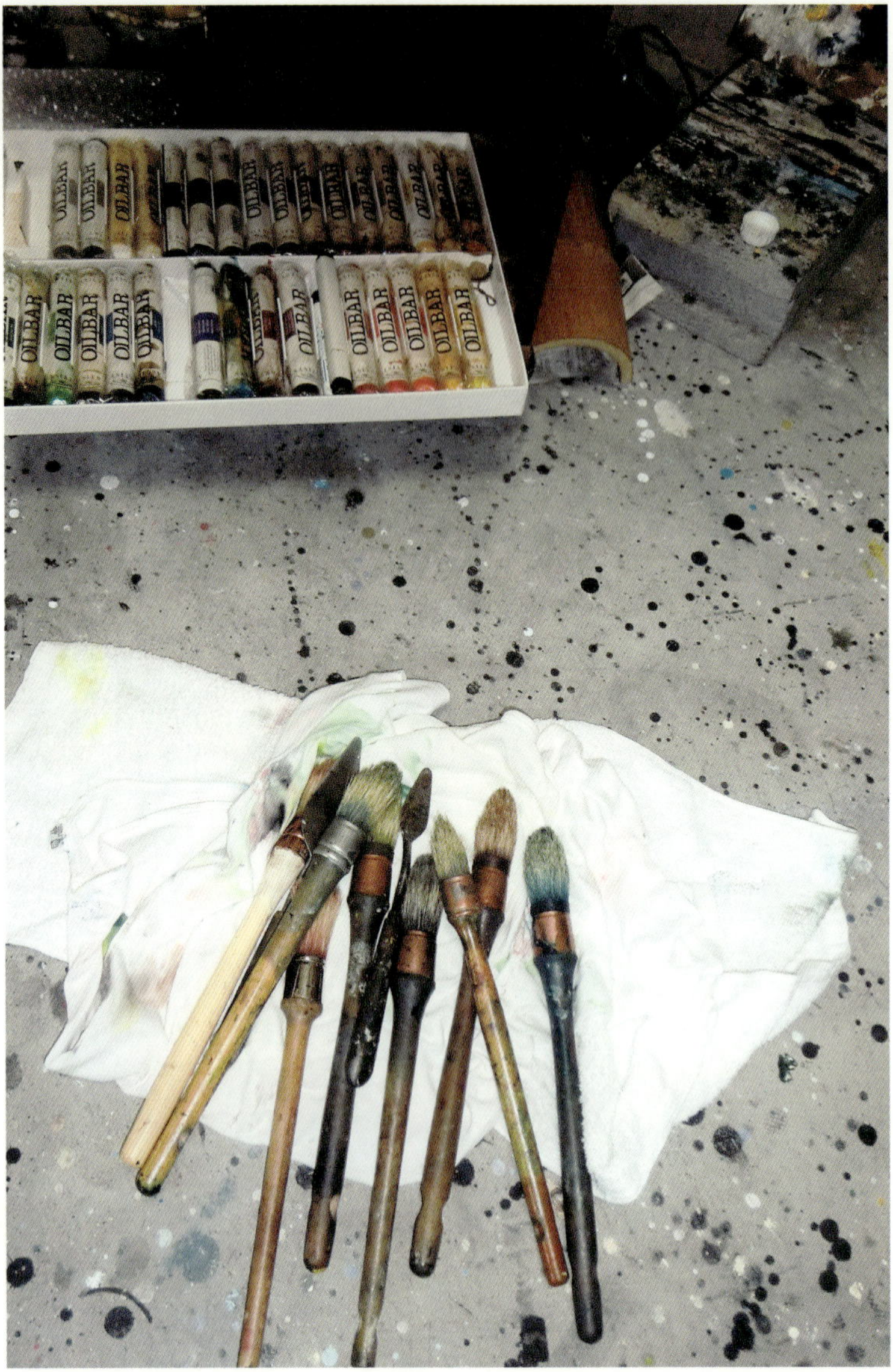
OILBAR

みんな忘れた——記憶のなかの人✣目次

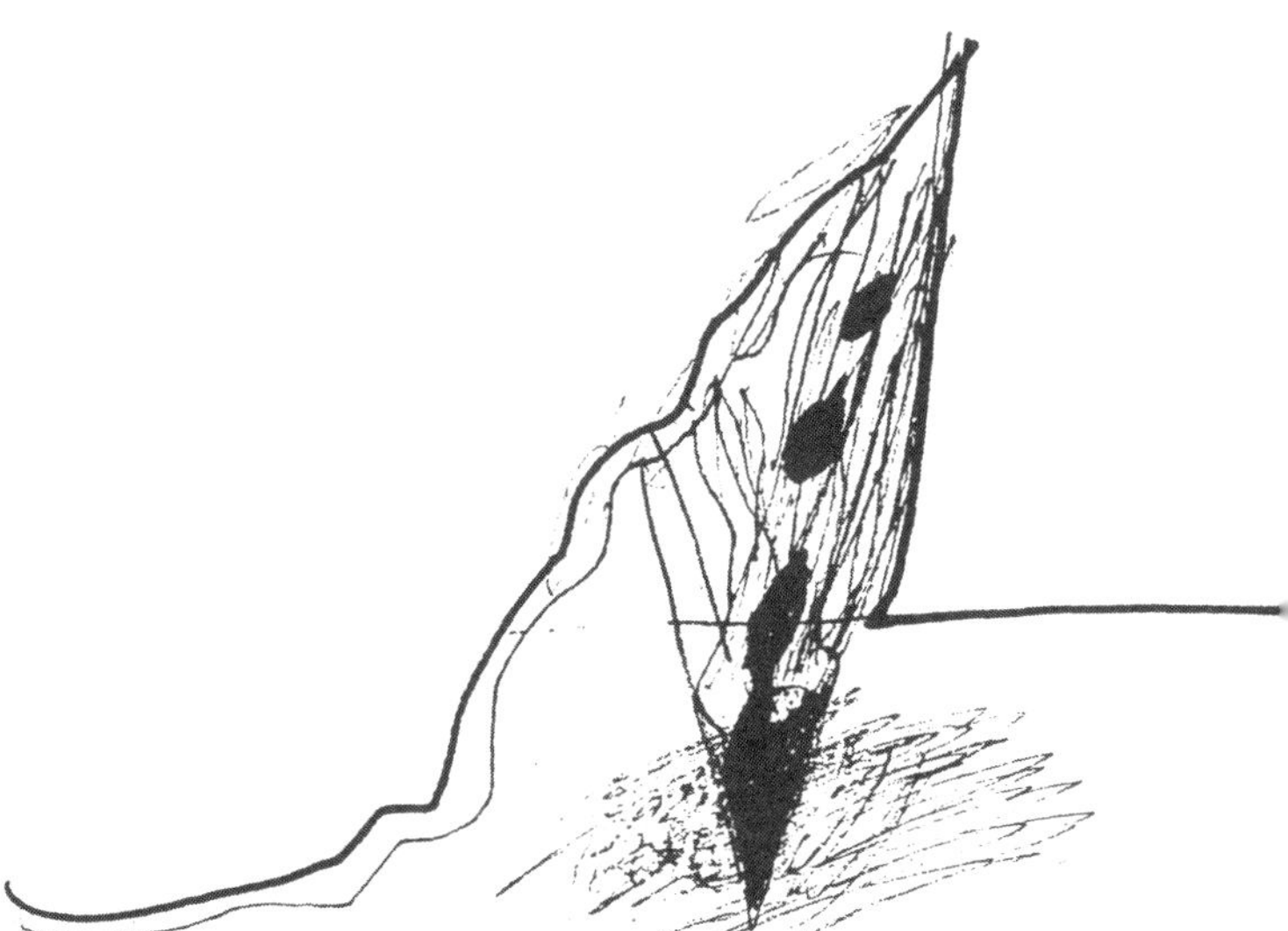

装画＝野見山暁治
カバー表《コーヒーを飲もう》
裏《どこに行くのか》
袖・扉『セルフィッシュ』より
表紙《ポポロ氏の肖像》
装幀・写真（口絵・カバー袖）＝毛利一枝

戦場のアトリエ

ヤタベ・ツヤ

ヤタベさんが福岡の街にやってきたのは、戦争が始まって間もないころか。はっきりとは覚えていないが、たしか椎野さんに紹介されたと思う。そのころぼくは美術学校の生徒で、この同郷の先輩が、彼女を福岡の女学校に、美術教師の口を見つけてくれたと聞いた。しばらく勤めたその学校を、ヤタベさんが一時的とはいえ辞めて、ぼくの実家に住むことになったのは、どうしてだか覚えていない。なにしろ戦争は一気に世情を押し流し、明日からのことが誰しも、自分で制御できなくなっている。

ぼくの実家は大世帯で、それを賄《まかな》う食料の一端を、ヤタベさんはどこからか手に入れてくる。その才覚と体力は、我が家にとって何とも有難かった。控えめな笑顔に、ぼくの祖母は、こんな人が家の嫁になったらどんなによかろう、と惚れこんだものだ。

せっかく家で馴染《なじ》んでいたのに、ヤタベさんは思いもよらず、当時、画家として華々しい藤田嗣治《つぐはる》の手助けに是非とも来てほしいとの話がもちあがった。しかし何とも急だ。女学校に世話してくれた椎野さんから、今度は逆に、自分の恩師、フジタ先生が困っておられる、ここは無理にもとの願いに、聞くよりなかったのだろう。

次々に発表されるフジタの戦争画から、覚悟はしていたものの、当初その尋常ではない忙しさに、ヤタベさんは身が持つかと危ぶまれたというが、それは本当だろう。

家には報道関係の軍人、新聞記者、従軍画家として推挙を願う画家たち、いろんな人が出入りする。画家として最高の待遇で軍に迎えられているフジタは、現地視察で方々を飛び回り、帰国するとアトリエにそれらのデッサンを山と積んで制作に没頭する。必要あれば軍の方からモデルとして兵隊をよこしてもらい、アトリエは戦場さながらだ。

画材の仕入れから筆洗いの始末、制作中の手助け。ヤタベさんは、たえず制作者と同じ緊張感を強いられてもいただろう。他に使用人はいない。ぼくはそうした日々を、時おり聞かされ、フジタはもとより、夫人もヤタベさんも、よくも体が続くものだと感心した。

アッツ島玉砕の作品が完成したと新聞に出た。当夜、家にいる者みな集まり、絵の前で線香をあげたそのとき、絵の中の山崎部隊長以下全将兵が、にっこり笑ったと、念入りに、その場の写真が載っている。

ずいぶん手廻しがいい。わざわざ新聞社のカメラマンを呼んでと、ぼくが冷ややかに言うと、いえ本当です、あの一瞬、兵隊みんなの顔が揺れましたと彼女は大真面目だった。ヤタベさんはそのころ、制作の上で、フジタと一体になって生きていたように思う。フジタ自身は軍の信頼をどう受けとめていたのか、自らに課されたお題目について、どう思っていたのか。しかし画家は完璧なほど期待に応えている。

軍の報道にかかわらず、誰の目にも敗戦の色は濃くなってきた。ぼくたちは皆、お腹がすいている。そんなある夜、ヤタベさんが突然、池袋のはずれに住んでいるぼくのアトリエに逃げこんできた。ぼくは洋裁を習っている妹と一緒に住んでいる。

フジタ夫人のひどい仕打ちに我慢できないという。暴力をふるうかと思うと、自身、二階の手すりから、往来に向って身につけている着物を投げつけ、フジタの名声に悪態をつき、喚《わめ》きちらすといった始末。画家は制作に忙殺され、ヤタベさんだけをアトリエに入れて夜おそくにもなるのだろう。

夫人は世界でいちばん孤独な女だと自分を呪い、ヤタベさんを摑まえて、お前がそうしたのだと叫ぶ。

ぼくも妹も黙って聞くよりなかった。夜が明けたとき、いくらか彼女も気が晴れたのだろう。フジタ邸へ帰っていった。

しかし数日してヤタベさんは又、逃げてきた。どんなに忙しくても、辛くても我慢するが、夫人のあの異常なヒステリイにはもうお手あげだという。

後日、戦争が終って何年も経ってのことだが、パリでぼくはあるきっかけから、フジタの信頼を受けるようになった。身近に接してみると、この巨匠はおそろしくお人好しだ。それは信じられないくらいで、蔭で夫人がだんだん人嫌いになるのも、意地悪になるのも分かる。あんなにも利用されたり、傷つけられ、金銭を騙《だま》し取られるのを見ていると、ぼくでさえ、いらだつ。

戦線は南から北へと、おそろしく拡がって、もうどうにも動きのとれないさなか、ぼくは美術学校を半年早く卒業させられた。軍隊に入るため、東京を引き上げねばならん。

教えられた道を辿り、ぼくは麹町《こうじまち》のフジタ邸にヤタベさんを訪ねた。前もって知らせてはいたが、まさか夕食を御馳走になるとは思ってもいなかった。当時、制限されている一日分の食糧は、今の朝食の一回分にも満たない。

戦争に征《ゆ》く人ならばという主《あるじ》の思いやりとはいえ、当時あり得ないバターやチーズ、干し肉のいろいろ。南方から還ってくる従軍画家たちのお土産だという。

食後のデザートはアトリエでフジタ夫妻手ずからのもてなしだった。こうして見るかぎり、誰にも真似のできない最高に幸せな家庭だ。

それからどれくらいの歳月が過ぎただろう。ソ連領に近い国境に連れてゆかれたが、ぼくの体はその寒さと労働に耐えられず、すぐにも毀《こわ》れて、それっきりだ。陸軍病院のベッドで、見捨てられたように眠りこけて、なんとか日本に連れ戻されたとき、まだ戦争は続いていた。

やがて終戦。フジタは邸内の防空壕に収めてあったそれまでの戦争画を一枚残らずアトリエに運び込み、キャンバスに書き込んだ日本語のタイトルや署名を、すべて横文字に書きかえた。ヤタベさんが訝《いぶか》しがると、今までは日本人しか見られなかったが、これからは世界の人が見る、とフジタは答えたそうだ。

しかしそれは麴町のアトリエか、江古田《えこだ》のアトリエか、引越したのは戦時中か等々、ぼくが東京を離れてからの話は、断片的で答えようがない。

戦争が終って二十年くらい過ぎていたと思う。ヤタベさんから突然、電話がかかってきた。戦後のどさくさの中で、それまでの人々のことはすっかり遠くなっていた。どうしている？　どこにいる？　しかし、彼女は教えなかった。美術評論家や新聞記者から身を潜めているのだと。

当時フジタ邸に住み込んでいた女を捜し出せば、フジタが軍からどれだけの権力を画家たちについて持たされていたか、どこまでが自発的な行為か等々、いろんなことが解明される。

彼女はフジタ邸のことについて、一切口をつぐんだ。自分の中でタブーにしているのだろう。彼女はぼくからでさえ、長いこと身を隠していたのだ。

そんなにもヤタべさんは、当時を思い出すのが嫌なのか。フジタ夫人の仕打ちをひどく憎んでいたが、どこにでもあるような、そんな下世話な話でもなかろう。身を隠すといった弱いものでもないようだ。フジタ邸の証人になるのは、どんな些細《ささい》なことでも断固として拒否する、といった強い意志がひそんでいる。それは何なのか。

フジタの戦争画は、敵も味方もない、ただ死そのものが画面に張りついている。しかし軍部も、それから信じられないことだが、画家本人も、反戦画だとは思ってもいないのではないか。アッツ島玉砕の絵を初めて見たとき、やがて戦地に行くぼくは、身が竦《すく》んだ。

フジタはいったい、どういう人なのか。パリで接した画家は、思いやりのある優しい老人だった。しかしぼくは、ずっと分からないままでいる。ヤタべさんがぼくにまで口にしたくないフジタ邸は、フジタの正体の分からなさだと思っている。

戦争も遠くなった。いつ頃だったか、ヤタべさんが亡くなったという連絡が、その身内の方から、ぼくの妹のところへあったらしい。

椎野さんは再度、兵隊にとられビルマで戦死している。椎野さんの手許《てもと》にフジタからのハガキが遺されていた。〈君が世話してくれた女性はたえず家内にたてつく。身持ちもよくない。無断で男のところに泊り込む、困ったものだ〉。

独りぼっちの若者

金山康喜

もう長いこと、カナヤマの遺作展をぼくは夢みている。いい絵かどうかは知らん。ただ多くの人に見せたいとだけ思いつづけてきた。

敗戦の荒涼とした日本を逃げだすように、横浜から船で一ヶ月、一九五三年の年明け、パリに着いた。

一夜を明かしたメゾン・デュ・ジャポン（日本学生会館）の広い玄関で、当時はやりのダッフル・コートをまとった、少年っぽい若者と出会った。カナヤマです。相手は呟くように名のり、ぼくの顔も見ずに出ていった。

こんな素っ気ない男と、ぼくは同じ屋根の下で暮すことになったが、それから六年のち、カナヤマが命を断つまでの、これは短い触れあいの物語だ。

サロンや学生食堂で出会っても、カナヤマはぼくの顔を見なかった。ぼくに限らない。この男は、行き交う誰をも避けて通る。

金山康喜は絵描きだとも、ソルボンヌで経済を専攻しているとも紹介されたが、いつもネクタイをきっちりと締め、足早に去ってゆくうしろ姿を眺めて、この男は何を追いかけているのだろうと思った。

そうして二年目の春が過ぎたころ、カナヤマは交通事故で病院に運び込まれ、はからずも、ぼくがコンセルジュから鍵を借りて彼の部屋に入り、下着やタオル、その他を届けることになった。

カナヤマは何も追いかけてはいなかった。昨日引越してきたばかりのように、部屋は整っていて、わずかの本と、多少の油絵の道具があるきりだ。生活の匂いはどこにもない。下着や靴下の汚れたものも見当らん。

病院からそのままスイスの山麓にあるサナトリウムに移ったと聞かされてから、一年以上過ぎた秋のころ、白く透きとおるような顔をして、カナヤマはパリへ戻ってきた。

胸のあたりにピンポン玉みたいなものを埋め込む手術を受けたらしく、医学というのは面白い、今におれの体がすべて人工の産物になる日がくると吹聴《ふいちょう》し、あの気難しい男ではなくなった。

ほどなくカナヤマはアパルトマン最上階にあるアトリエに引越していったが、廊下や階段で顔を合わすことがなくなってから逆に、ぼくたちは親しくなった。

どうしてだろう。カナヤマとは、なにを喋るわけでもなく、共に屈託のない時間をつぶせる。広いアトリエでカナヤマは、ラジオや電気蓄音機を組立てたり、ばらしたりしていた。

たまにはキャンバスにも向うらしく、鮮やかな色を気ままに塗りつけて、これが乾いたら、なにを描こうかな、と笑っていた。

そのうち、卓上の静物みたいなのが現れる。コーヒーの豆挽き、アイロン、布切れ。天井には電球。しかしアトリエはいつもガランとして、描かれているモチーフはどこにもない。モノなんて本当は無いんや、見るときだけあるんや、と冷ややかな顔をする。

わざわざキャンバスに描かんでも、音楽みたいに色や形の楽譜をつくれば済むんやけどと、いかにも面倒くさそうだ。

あれはいつだったか、メゾン・デュ・ジャポンに住んでいる画学生が精神病で強制的に入院させられたという噂を、カナヤマはモンパルナッス界隈《かいわい》で聞いてきた。

ひどい話やで。ぼくを誘ってカナヤマはメゾンの館長に会いにゆき、どうして精神病院の手続きにサインをしたのか、と問いただした。ここに居住している精神病専攻の医学生の要請によるものだから当然の処置だと、館長はその医学生を紹介した。

それからの数日、ぼくたちは病院を訪ねて、患者に会い、再度、医学生と館長に会い、又しても病院を訪ね、カナヤマは当事者と度《たび》かさなる論争のすえ、その診断を撤回させた。医者は大統領も拘束することが出来る。人は、なんの職業につくにしても、先《ま》ず医学部を出ることや。カナヤマは渋い顔をした。

当の画学生は嫌な男だった。おそらく周囲で爪弾《つまはじ》きにあっていたのだろう。メゾンに戻るのを恐れるので、日本人経営のホテルに入れてまで、くどくどと愚痴を聞かされるなんて、世話のやける話だ。

カナヤマは、嫌な奴に興味があるのか、アカデミイに通って、いっぱし絵描き気取りの日本人の女にも、請われるままに絵の手直しをしてやる。美人を鼻にかけたツラつきの、どこがいいんだろ。

この女が、画商組合で設けているコンクールで、オットン・フリエッツ賞をもらった。彼女を売り出そうやないか、とカナヤマはぼくをそそのかす。

ヘタな筆使いの絵の上に、ぼくたちがそれぞれ手を加えると、奇妙な画面が出来あがる。どうや、おれたちの仕事は、彼女のサインの陰で素知らぬふりをして、生涯を送る。こんな素晴らしい人生はないで、と言う。三十代は絵を描く。四十代は推理小説、五十になったら服飾デザイナー、そう思うてんねん。

あれは風の爽《さわ》やかな日だった。カナヤマは鍵をぼくに渡して、すぐ戻ってくるからと、不意に日本へ旅立った。迂闊《うかつ》にしていたが、その頃ぼくの展覧会を、カナヤマは日本にいる友人に託して、ブリヂストン美術館で開いていた。

ようやくの思いでパリに呼びよせた妻を、まるで事故のように癌《がん》で亡くし、なにも手につかずに過しているぼくを見かねて、カナヤマが勝手に打った手だ。ブリヂストンと決まったからにはキャンセルは出来ん。なんとしても作品をつくって日本へ送れ。

送る金はなかった。すべてカナヤマが立替えて、ことは運んだ。やがて、日本にいるカナヤマから、展覧会も無事済んだとみえて、詳細な報告と、売れた作品の金額から諸雑費を差し引いた小切手が届いた。

その展覧会に出品した作品でぼくは安井賞をもらい、授賞式に本人の言葉が要るから、何か言えと、いきなりカナヤマから電話がかかってきた。当時、国際電話というのは一般に使われていなかったので、ぼくは面くらい、ただおおい、おおいと、遠い故国に向って叫ぶような声を出した。

これがカナヤマとの別れだった。後日、友人から送られてきた新聞の三面記事に、不慮の死としてカナヤマの最期《さいご》が伝えられていた。したたかにアルコールと睡眠剤を飲んで倒れているのを発見されたとして、事故死か自殺かは不明と記されていた。

どっちも本当だ。カナヤマはいつ死んでもおかしくはない。カナヤマはぼくたちと違う娑婆《しゃば》で生きていた。孤島の住民。終日、寝そべっているだけで日は過ぎる。退屈すれば夢想のオブジェをキャンバスになぞってみる。

命とひきかえの透明な美しさが画面に刻印されていることに、ぼくは初めて気がついた。誰に見せるでもない、自分の世界が確認されればそれでいい。

友人が日本に帰るための荷造りを手伝っていたカナヤマは、自分の作品を梱包用の包み紙の代用に使った。

見事に作りあげた電気蓄音機も、ぼくのところに運んできて、いい音やで、と言ったきりだ。サナトリウムで、胸にピンポン玉を入れ込むのも、精神病院の画学生をベッドから救い出すのも、同じことだ。

もしカナヤマが生きていて、推理小説を頭の中で組立てることはあっても、書きはしない。モード・デザイナーとして楽しんでも、着て歩く女はいない。独りぼっちの世界は、何をよすがに生きてゆけばよいのか。

わずかの期間、この世を覗《のぞ》いた目の、きらびやかな光は隅々にまで行き渡っていて、キャンバスに彩られたものは色も褪《あ》せずに、哀しいままだ。

絵師のはしくれ

浜哲雄

朝、中学校に行く途中で、絵描きを見た。この炭坑町に時おりやってくる、頭ぼさぼさの芸術家とは違う。ベレー帽をかむり、首にうすいマフラーを巻いた背丈のある男で、絵具箱を背負っている。どんな絵を描くのだろう。

それから二、三日して、ぼくたち生徒全員、講堂に集められた。正面に何やら立派な額縁に入った絵が置かれている。先ごろ中国大陸との戦火で、爆弾もろとも敵陣へ飛びこんで死んだ兵士の武勲を、肉弾三勇士として校長は讃《たた》え、さきに陸軍省は、その勇姿を、本県出身の天才画家に揮毫《きごう》を依頼、画伯は毎朝、水垢離《みずごり》をとって完成したという。その原画と同じ絵を本校のために描いていただいたのでと、正面の作品を示し、浜哲雄画伯を壇上にあげて紹介した。

あの絵描きだ。目鼻立ちといい、体つき、洋服の着こなし、まるで外国映画の俳優、ウィリアム・パウエル。そうか、今の人には分からんな、そう、クラーク・ゲーブルみたいじゃないか。

土曜日の夜、図画の先生のところを訪ねると、はからずも天才画家がゆったりと卓袱台《ちゃぶだい》の前でくつろいでいて、お前の親父は酒飲みかと、いきなりぼくに話しかけた。図画の先生は一滴も飲まん。

そうか、親父と飲もう。勝手にそう決めるなり、服に着替えて、タクシーを呼び、途中で中学の書道教師を拾って、そのまま我が家に乗りつけた。ぼくの親父は誰であろうと意気投合すれば、酒はいくらあっても足りん、という炭坑屋だ。

賑やかに酔っぱらっているうちに、画家は、奥さん踊りましょうと、お酌をしている母の手をとって立ちあがり、蓄音機の音を頼りに、踊れない母と組んで体を揺らしていたが、やがて、ふわりと母を抱きあげ、両手を当てて、幼児をあやすように労《いたわ》りながら、軽やかにステップを踏んだ。

長いことパリにいて、つい先ごろ帰ってきたというが、むしろ日本にやってきたフランス人のようだ。

それからが大変だった。踊っているうちに興が湧いたのか、町の文房具屋に電話して、今すぐ和紙と墨と筆を届けろという始末。

座敷に毛氈《もうせん》を敷かせ、ぼくが墨をすり、画家も書家も酔ったいきおい、やたら元気に描きなぐる。不動明王、神武天皇、島の娘。母もぼくも酔いしれたように眺めていた。母は絵が好きなんだ。

よくもと思うほど次々、色んな絵が出てくる。この即興にいっとき、のめりこんでいるうちに、さすが疲れたのか、飲み直そうと言うなり、親父も二人の客も一挙にあたふたと町へ繰り出した。

それから一ヶ月もたったころ、知合いの宿屋から、請求書が舞い込んだ。今までの宿泊費、酒代、芸者代。父は町に出て飲んだあの夜更、画家をそこへ押し込んだきり、すっかり忘れてしまっていた。

思いもよらぬ莫大な金額、放蕩三昧、手にとるようだ。よくも異人ヅラしたあの絵描き。親父はかんかんになって怒りだした。父は大酒飲みだが、いい加減な甘ったれは許せん、そっこく追っぱらえ、と電話の向うに大きな声で怒鳴った。
四、五日たった夜、ぼくはそっと行ってみた。宿のどてらを着込んだクラーク・ゲーブルは、一升瓶を脇に置いて、テーブルに飾られた花を、油絵具たっぷりの筆で、ぐいぐいと描いていた。

どてらの前をはだけ、髪を乱したまま、対象に食い入る目付きは、獣のようにたけだけしい。親父は元気かと、どこ吹く風の面持《おもも》ち、いささかも悪びれるようすもない。そうか、あの描きなぐった墨絵で代償は払っているつもりなんだ。

なんの風情《ふぜい》もないこの炭坑町に、絵描きはよくやってくる。炭坑の親分衆を当てにして、全国から色んな奴が色んなものを売りつけにやってくる。やってきた絵描き、時々は町の呉服屋の二階を借りて画会を開く。

ぼくたち、中学の美術部は、その画会の陳列づくりによく狩り出される。それは厄介というより楽しみだった。遠いところから毛色の違う絵を運んでくるのだ。有名無名、それぞれ芸術家らしく演出しているが、総じてどこか、ふてぶてしく、もの哀しい。

浜哲雄は傲慢《ごうまん》だった。その絵にぼくは、嵌《は》まりこんだ。川辺の風景には風が吹き渡っている。横たわった魚には、美味《うま》そうな脂が漲《みなぎ》っていた。

いつ訪ねても酔っぱらっている。この人の渡世、明日を思いわずらうことはないのか。いったい誰が日々の宿代を払っているのだろ。いや今に誰かが払うと居坐《いすわ》っているのかもしれん。

美術学校に行け、と浜さんは諭《さと》した。これは一応、日本画壇への挨拶。しかし試験に落ちて、浪人まですることはない。俺はそろそろパリに帰りたくなった。落ちれば俺と一緒にパリに行こう。

この酔っぱらいの傍にいると、なんの不安もない。思うように明日へ踏みこんで行けばよい。〈今の日本に絵描きは一人もいない。青木繁のあとは俺くらいのもんだ〉。


これだけ強くぼくを打ちのめした男の消息は、それっきり途絶えたが、間近な戦争が、明日への期待をいきなり封印したのだろう。

長い戦争がおわって暫くたって、思いもよらず、浜さんのことを知っている人に出会った。あれからわずか数年しか、浜さんは生きていなかったらしい。大分県のどこか山裾に、幼い看護婦と暮していたと。

ひょっこりと浜さんの実兄という御仁《ごじん》が父の家に訪ねてきたそうだ。父はその人と、しんみりと気があって、飲み交わしたらしい。家は代々福岡の旧家で、礼儀正しい実兄に母は恐縮していた。いや母は、ニセ異人さんに抱かれて踊ったあのひと時が嬉しかったようだ。

あの頃の絵描きは、小心でホラ吹き。そうでもしないと生きてゆけなかった、いじらしい渡世だ。《島の娘》をぼくは時おり床の間に飾る。つねに筆を放さない絵師の一途《いちず》さが滲《にじ》んでいる。ぼくにとって浜哲雄は、素浪人の強靭《きょうじん》さを持った最後の絵師だ。

駆け落ちをした御曹司

四島司

四島《しじま》さんと知りあったのは、お互い四十代のなかば。よくもその若輩で、すでにエネルギーを充満させた化石のような風貌が出来あがっていたものだ。

博多駅まえに四島さんが、茶褐色の砂岩で新しく銀行を建てる折、設計を担当していた磯崎新から、六階の応接室のデザインを頼まれた。窓を塞《ふさ》ごうが、壁をどう作り替えようが勝手だが、床が平面であること。

妙な注文だ。オーナーの四島さんに会ってみると、自分の絵のつもりで、好き勝手に頼むと、ただそれだけ。頑丈な顔の奥に細い眼がのぞいていて、瞑《つむ》っているのか、ぼくが見えているのか。

落成した銀行の六階。ぼくと隣合せて、これは当時、抽象画の尖端を走っていた斎藤義重の空間。このフロア、上ってきたエレベーターの正面はネヴェルスンの黒々とした本棚。その奥まったうす暗い壁面には、高松次郎の作による本人や四島頭取《とうどり》のシルエットが貼りついている。エレベーターの右っ側、受付の背後には壁いっぱいのサム・フランシス。

これが銀行なのか、ぼくはおったまげた。信じられん、こんな男が若いころ、女と駆け落ちして親に勘当されたという、本当だろうか。よほどうるさい親父とは聞いている。福岡の街では〈一番電車〉という渾名《あだな》で、ぼくの祖母たちが噂していた名物爺《じじい》だ。

自分で立ちあげた相互銀行に、毎朝まだ夜も明けきらぬ暗いうち、始発の路面電車で通っていたとか。尻をはしょって提灯《ちょうちん》さげてくさ、と祖母は笑う。

こういう一徹爺、行員たちはどういう思いで対応していたのだろう。いや一人息子は放りだされて、どうなったのか。これも人の話によると、銀行の地下に行って、守衛に傭《やと》ってくれと、親に隠れて、銀行で働いていたとか。

絵の話に戻ろう。ぼくのカミさんがやっているクラブに飾るからと、青い海に浮ぶシシリー島の水彩画をぼくは描かされた。屋根の赤い色が緑の中に点在するという、誰しもが喜びそうなモチーフ。それを四島さんが欲しがった。

四島さんとぼくの絵の手始めは、そうだったと思う。駄々をこねて絵を持ち帰った同じ人が、それから僅か何年だろう、モンドリアンやロスコ、抽象作家の、それもすぐれた作品を集めるまでの経緯、この短期間の炯眼《けいがん》を四島さんはどこから身につけたのか。

そのころ、小倉の支店、続いて本店と、四島さんは設計図を挟んで磯崎さんとの睨《にら》みあいが四、五年続いている。部屋の割りふりは当然のこととして、空調、照明、そういった器具の配置、それらが納得のいく位置になるにつれて、図面が美しくなった、と四島さんは言う。いつの間にか抽象的な世界に入りこんでいたのだ。もちろん磯崎さんの現代絵画への憧憬が、その間、少しずつ四島さんの頭の中に刷り込まれていったのは、見逃せない。

ぼくは郷里に戻るたび、銀行の六階を訪ねるようになった。そこの奥まった広い空間、入口にはリンドナーの、赤い唇のヤンキー娘が、等身大でこちらを向いている。

息を飲むように見惚れていると、いつの間にか、横に四島さんがいて、なにか呟いているようだが、別に話しかけるでもない。眺めている人の傍らにいて、同じ絵を見つめていると、その高揚が乗り移ってくるのだろう。

時おり、新しい作品をぼくは発見する。意表を突かれる。その時には、だんまりをきめこんで、もう四島さんは横に立っている。画家の未亡人からその絵を譲りうけるまでの苦労話をじんわりと話してくれる。殆ど口をきかないこの人が、通訳を介すとはいえ、どう作品への愛着や誠意を伝えるのだろう。未亡人はほだされる。そうして今、ぼくの目の前に並ぶフロイトやヘンリー・ムーアの小品。

よか男ですよ、とキーファーの大作に眼を細める。日本に遊びにこんかと誘うたら、やって来ましたばい。若い男を連れとるんですよ、ホモとは知らんやった。そう言って四島さんは嬉しがる。

しかしコレクターは寂しいんじゃないか。これらの絵と対話するのは自分だけだ。この銀行の誰にもこれは訳の分からん小判だろう、いやこの街の殆どの人にも無縁。

ぼくが帰省するのを待っているのではないか。これらの作品について語る歓びを待ちのぞんでいるはずだ。

あるとき、委員に加わって欲しいと依頼があって、銀行で委員会会議というのが持たれた。銀行に陳列している全作品を集めて美術館をつくりたい、という趣旨の準備委員会だ。そうか、四島さんはみんなと、自分の歓びを共有したいとひそかに願っていたのだ。

人里はなれた唐津湾ぞいのぼくのアトリエに、ある日、磯崎さんがやってきた。この木々に囲まれた恰好《かっこう》の岬に、四島さんがアトリエを建てたいと言うので、下見に来たという話。

そのアトリエに外国の画家を招《よ》んであげるのだと。好きなだけ居て、帰るときに絵を一枚残しておけ、と言えば風来坊、喜んでやって来ますばい、という四島さんのもくろみ。

とりあえずはぼくが喜ぶ。東京のアトリエにいるよりはずっと楽しい。いろんな国の若い絵描きたちと日常の触れ合いが持てるなんて最高だ。

ぼくのカミさんがやっているクラブの、あどけない渚《なぎさ》ちゃんと四島さんは仲良しだ。ときおり彼女のアパートで、壁によりかかって、カップラーメンの麺を二人並んで、ぽりぽり齧《かじ》るんだそうな。シーさんおいしい、と渚が聞くと、うまかなあ、とあのでかい顔の四島さんが、つぶらな瞳を細めてぽりぽり口の中に放り込んでいるんだと。まったくあきれるわ、とカミさんは笑う。

持ちこんでくる話や、耳に入ってくる噂。どこか、ずぬけている。どこか、とぼけている。美術館の企画もアトリエの話も、かなり進んだところまできて、日の目を見なかった。

いつだったか四島さんが帰宅するのに付いて家にお邪魔したことがある。只今と奥の方に声をかけたきり、四島さんは応接間に座りこみ、棚からブランデーを取り出してぼくにも注ぎ、いつものように何も言わずに、ちびりとグラスをかたむけたきり、眠ったようにしている。

おそろしくでかいボテロの、家族を描いた絵が天井近くにかかっている。まったく人間離れのした、風船みたいな人々が、ぼくたちを見おろしている。

ぼくたちはただブランデーの香気を舌に滲ませて、深々とソファに埋もれていた。他者が入りこむ余地はない。こうやって時おり絵と目を合わせればよい、至福というのかもしれん。

どういういきさつがあっての事かは知らんが、四島さんはあの巨大な船のような銀行から、さほど遠くないビルの一角に移っていった。行員だった二、三の人とを衝立《ついたて》で遮った小さい部屋だ。檻《おり》に入れられた犀《さい》。しかしあの天井の高かった社長室のソファと同じように体を沈ませて、いつものようにぽつりぽつりと語るのだった。

郷里に戻った一昨年の夏、街なかの病院に四島さんを訪ねた。身動きのとれないベッドの中で、絵はそこになくても見えているのだろう。ひとり頷いて屈託がない。

それから一年たった去年の夏、四島さんは同じ病室の同じベッドにそのまま居坐って、ぼくが持ってきた近作展のカタログにゆっくりと手をのばし、見えているのか眠っているのか、だから本当に化石みたいだ。

四島さんの死の報せを受けたのは、先月のおわり、寒さもいくらか和らいだ日。そうか、今度は四島さん、絵と駆け落ちしたんだ。

異郷の暗がり

谷桃子

今朝の新聞、頁をめくっていくと、いささかあどけない感じのお婆さんの顔と出会った。「谷桃子さん死去」。

生きていたのか。亡くなったとも思わなかったが、ともかく今まで居たというのが意表をついた。〈モダンダンサーとして日劇などで活動し、終戦後、クラシックバレエに転向、愛くるしい容姿と叙情あふれる演技は踊り手の理想とされ、バレエブームを巻き起こした〉。

いきなり記憶の底から浮びあがってきた。〈１９４９年、谷桃子バレエ団を設立。パリへ留学後……〉、そうだ、谷桃子はパリにやってきた。九十四歳と記してある。同じ歳だったのか。

ぼくがパリに住んで二年目、この記憶は確かだ。時おり遊びに行っていた砂原《すなはら》美智子のところへ〈愛くるしい容姿〉の谷桃子がやってきた。それなら彼女、三十三歳の時のことになる。

砂原美智子、これも今の人は殆ど知らないと思う。今朝の新聞で、ふいに遥かな異国での日々が蘇ってきた。おぼろな追憶が少しずつ鮮明になり、いとおしくその人たちの顔が浮ぶ。

ぼくが美術学校に通っていたころ、彼女は隣の音楽学校の生徒だったらしい。それなら毎朝、公園方面の小《ち》っぽけな改札口を通っていた、かつての顔馴染《なじ》みかと笑いあったものだ。

砂原さんは当時、オペラ・コミックの専属歌手だった。彼女が主役を演じたマダム・バタフライには、遠い立見席から熱狂的な拍手を送ったりもした。パリの街中で日本人と出会うなんて滅多にないころのこと。

どうして彼女と知りあったかは憶えていない。彼女のアパルトマンがどこだったか、その記憶も失《う》せている。

ともかく彼女のところに谷桃子が住むようになった。人見知りするような愛くるしい表情には、とても日本のプリマドンナという気配はない。いま保護された小さな生きものか、フラジール（fragile＝こわれやすい）とマークの付いた日本人形が届いたようだった。砂原さんは、彼女のことをモモちゃんと呼ぶ。

そうだ、友人を誘って訪ねた大晦日の夜のことなど思い出す。飲んだり食べたりしているうちにいきなり明りを消して、十二時よ、と砂原さんが叫んだ。誰とキッスしてもいいのよ。

モモちゃんはどんな顔をしているのだろう。脅えているんじゃないか。その暗がりは、かなり長く続いたように思うが、なにも見えないと、時間も消えたみたいで、わからない。明りがついた。みんな元の位置そのまま、残像のように坐っていた。そうしてみんなで、おかしくなって笑いだした。

バレエのレッスンに通っているうちに、モモちゃんも少しずつこの街に馴れてきたようで、せっせと通っているという。しかし言葉のわからないモモちゃんが気になるのか、大晦日を共にした友人は、バレエ研究所をしばしば覗《のぞ》いているらしい。たしかシャンゼリゼの近くじゃなかったか。

年配の女教師は、彼女のテクニックをかなり評価しているという。だが、いかにも小柄だし、青い目のバレリーナたちの体形に、本人はがっくりきている様子だ。短い脚を、いくら高く跳ねあげてもなあ、と友人は気の毒がる。

なに、この地にやってきたぼくたちには、共通のコンプレックス、どうしようもない。しかしその体を唯一の表現材とする専門の人にとっては、ぼくの抱く劣等感みたいな、なま易しいものではないのだろう。可哀想だと友人は言った。

ソルボンヌの広い体育館みたいな所で、名前を思い出せなくてもどかしいが、当時、有名な振付師が、出来たての新曲をピアノで弾いてもらい、一節ごとに何度も何度も聴いては、二人のバレリーナに振付を試み、試行錯誤のすえ、ようやくにも一つのまとまった演《だ》し物を作りあげるのを見学したことがある。

なにげなく話したその折の、出来あがってゆく過程を、モモちゃんは詳しく聞きたがる。ぼくには的確に説明できる素養がないのに、もっと、もっとと彼女は引きさがらない。健《け》気《な》な性格なんだろう。

ある日、砂原さんから電話がかかってきた。モモちゃんが心配なのよ、来れる？

独り砂原さんは部屋で落ち着かない様子だった。研究所の誰彼がモモちゃんの悪口を言いだしたのだと。そのうち皆が言うようになってきた。フランス語がわからないから悪口みたいに聞こえるのよ、そんなこと気にしないの。

はじめは軽く受けとめていたけれど、だんだん不安が昂《こう》じてきたらしい。

暗くなりかかって帰ってきたモモちゃんは、少し憔悴《しょうすい》しているようにも見えるが、エトランゼの疲労が出ているだけのことじゃないか。

彼女はいきなり窓をあけ、はるか下の道路を覗き込んだ。いくらか勾配《こうばい》になった石畳だ。夕暮れのざわめきと同時に、夕刊売りの声が登ってきた。

あの新聞、みんな買ってきて、とモモちゃんは、砂原さんに頼んだ。新聞にわたしの悪口が出てる。

谷桃子は真剣だった。ほら聴こえるでしょう、わたしの悪口。

歯を食いしばって彼女は、レッスンに励んでいたのだろう。懸命に背伸びして、みんなに並ぼうとしたのだろう。なのに、どうしたことか、日毎に体が縮み、次第に仲間のバレリーナが霞んでゆく。

やってきたときの、あの愛くるしい笑顔を取り戻せないものか。次第に砂原さんの顔もこわばってきた。窓々のネジを丹念に確認し、ドアの鍵も掛けた。共に柵の中に籠《こも》るしかない。

ここに居てはいけない。明日まで待てない。暗くなった窓の外が怖い。モモちゃんを見るのが怖い。

閉めきった窓の向うは、夜の暗い闇だ。そのずっとずっと果てに、日本語を喋る人間が住んでいる。狂いそうなくらい遥かな先に。

怯《おび》えはじめた砂原さんも、いきなりここへ拉致《らち》された思いのぼくも、もう他人《ひと》ごとではない。

戦後七十年が今年を印象づけているが、戦後十年たらず、まだ片付かない焼土を後に、横浜を出て一ヶ月の船旅、ようやくにも辿りついた念願の都。……誓って国を出たからは、手柄たてずに死なれようか……。ついこの間までの歌声は容易に消えない。ここでは爪に火ともす日々を送っていても、みんなが知らない新鮮な空気を吸っている。ぼくたちは後ろめたく、なにか追いたてられるように生きていた。

〈帰国記念公演として55年に「白鳥の湖」を成功させ、バレリーナの代名詞的存在となった。……「軽やかさ、その憂愁、そのエレガンス」……芸術界全般に及ぼした影響は大きい〉。

そうだったのか。ぼくの記憶はまったく失せている。モモちゃんのことも砂原さんも、強いて言えば、ぼく自身の日々も、かき消えている。

写真のふっくらとした表情は、この記事にふさわしい。どこにもあの夜を思わせる翳《かげ》りがない。窓の外の暗がりがない。あれはぼくの幻想だったのか。大晦日の夜の、みんなで、だんまりを決めたあの暗がりみたいに、他愛のないものだったのか。

笛を吹く人

丸木俊

あれは年の暮れ近く、美術学校からの帰り、池袋駅から武蔵野線に乗りつごうとするあたりに、大勢の人だかりだ。正面の壁に貼り出された広い紙には大きな筆で、日本は米国に対して宣戦布告、すでに戦闘状態に入れり、と書かれている。

このままだと日本は、世界のなぶり者にされる、ならばいっそ当って砕けても、といった気運がかなり高まっていた矢先だが、いきなり目のまえに大きな闇が口をあけ、否応なしに背中から押されると、どうにも震えが止まらない。

椎名町の駅に着くなり、ぼくは畑を斜めにつっ走った。向うにひしめくアトリエ村の一角に、ぼくは妹と住んでいる。

妹はまだ知らなかった。アトリエ村の人たちは誰も知らないのか。今までの日常がいきなり変るわけでもなかろうが、やがて騒然となった。

それまでも国は、現在の情勢や方針を、くまなく行き渡らせるために、町内会を強化し、隣組というのを設けていた。

年配の斉藤さんが何くれとなく隣組長として世話をやいてくれている。月に一度だったか、この絵描きさんの家に集まって常会《じょうかい》を開く。しかし戦時体制に入り、国民ひとりひとりの服装から行動まで規制されるようになると、常会は戦意高揚の儀式の場となった。いくつかの行事が設けられ、それを神妙に執《と》り行ってから、今まで通り食糧の配給券が分配される。

やがてのこと、長いあいだ世話をしてくれた斉藤さんの任期もおわり、次の隣組長は、あまり出歩くことのない赤松さんにお願いしようということになった。

アトリエ村の端っこに赤松俊子さんは住んでいる。小肥りだが、しっかりした体つきだ。アトリエの先は雑草の茂った湿地帯で、彼女はよくそこで畑仕事をしていた。

労働には適しているのだろうが、当時ズボンをはいた女のひとは珍しい。というより赤松さんは性別、どっちだっていいような、あっけらかんとした少女みたいだ。

アトリエ村の入りくんだ路地を、ピッ、ピッと笛の音が走りまわる。皆さあん、常会ですよ。そうして皆で使う井戸のあたりに、新しい隣組長さんはみんなを集める。うまいなあ、井戸端会議だ。

てんでな面《ツラ》がまえのアーティストたち。創作中の絵描きもいれば、まだ蒲団《ふとん》にくるまっていた彫刻家、それぞれに井戸端会議の陣容。

頭数《あたまかず》そろうのを待つまでもなく、いきなり東方遥拝と大きな声を出し、みんながそちらの方角へ向きを変えようとしているうちに、ハイ終り。戦地の兵士への武運長久を祈っての万歳だったか、これもまだ手をあげていないうちに、ハイ終り。戦死した兵士への黙禱、これも頭をさげないうちに、ハイ終り。最後に戦陣訓という時局に対する国民の心得みたいな長文は、みんなで声を合わせて朗読することになっていたが、赤松さんはムニャ、ムニャ、ムニャと三度か四度、ムニャを唱えてすべての儀式を終りにした。

防空演習というのがある。敵機が上空に現れるのを想定した訓練。これにはその身じたく、いろんな道具、かなり厄介で、ずいぶん時間をとられる。ぼくたちには一種の刑罰みたいな行事に思えた。

これには町内会から指導員というのが来る。ムニャ、ムニャでは済まされん。始まる少し前に赤松さんは笛を吹いてまわる。皆さあん、防空演習です、参加したくない人は留守ですから、訓練が終るまで、外に出ないで下さあい。

赤松さんには、わだかまりがない。相変らずアトリエの先で土いじりをしている。戦争、いつまで続くんでしょうね、と道ばたから声をかけると、間もなく済みますよ、とこれも爽やかな返事。もうすぐ負けますから。

なんとなく息がつまってきた。日が経《つ》につれて、配給券で買える一人当りの食糧も、底をついた。ぼくは妹と二人、電気を点けられない暗い夜の中で、鮭の切身を一切れ金網にのっけて、皮が焦げないように見守り、骨は醬油にひたして明日の分として残した。

常会で配給券を渡されると、皆それぞれの店へ走ってゆく。肉や野菜はおろか、塩、醬油の類《たぐい》も月いっぱい持たすのは容易ではない。

升《ます》に親指を入れて米を量っている。肉の目方はかなりずさんな気がする。皆あいまいな苦情をてんでに喚《わめ》く。

赤松さんはどこからか升や台秤を借りてきて、店先に据え、店内で受け取った品々をハイハイと気軽に量り直す。おかしければ店の親爺を呼ぶ。後くされも愚痴もない。このあどけないような率直さは、古代から生きていた人間のような気がしてならん。

赤松さんのところに変な小父《おじ》さんがいるよ、と妹が、回覧板を届けに行って、怪訝《けげん》な顔で戻ってきた。次の折、ぼくが届けにゆくと、頰のあたり凄みのある男が居坐っていて、じろりと目を向けた。

赤松さんは脅かされてるんじゃないかしら、と妹は心配性だ。それはないだろな。家に入れるかどうか玄関先に秤を置いて、じっくりと確かめているはずだ。男は主《あるじ》のように悪びれるところがない。赤松さんはどこまでもあっけらかんとしている。

ここまでで、ぼくのアトリエ村はおしまいだ。学校を早目に追い出され、兵士としてぼくは遠い戦地へ連れてゆかれた。

夕暮れ、ぼんやりとモンパルナッスのキャフェで、夕刊をひろげ、大きく載っている原爆の図を見た。作者はマルキ・イリ、トシ夫妻。第二次大戦の記録画として絶賛されていた。戦場で出会ったような懐かしさがこみあげる。ぼくは訳もなく、あの人たちがこの世に生きていたことに感動した。

哭く人

水上勉

あれは何年くらい前だったろう。雪で埋もれそうな信濃デッサン館の窪島さんと知り合って、かなり長い。〈生きる〉というテーマの対談に招《よ》ばれたのが発端で、戦没画学生の遺作蒐集《しゆうしゆう》に手を延ばし、よくぞ育ったような大男と連れだって、方々を尋ね歩いた。二十歳もぼくより若く、戦争がおわって焼跡に放りだされたのは、四歳の頃だったと言う。

家は井の頭線の明大前で靴修理を営んでいたが、景気が回復するにつれて、学生も靴を大事にしなくなり、高校を出た窪島さんは、焼跡に小さい飲み屋を出した。

ひ弱な親たちの、自分と似ても似つかない体形や性格に、いつの頃からか不審を抱くようになり、どこかに本当の親がいるのではないかと、疑心暗鬼になったのは、中学に入ってからだという。

血液型を調べる知恵をつけ、出生の違いを確かめ、同じ家の中、ひた隠す両親の許《もと》で、なんの手掛りも摑めないまま飲み屋を続けて、いつしか店の会計に雇い入れた若い娘と一緒になり、女の子も生れた。

それなりに食えている幸せを、窪島さんはまるで他事《よそごと》のように眺めている。そんなにも自分を見捨てた、見知らぬ親を慕うものなのか。あえなく散った画学生の家々を尋ねながら、若い相棒の述懐をぼくは、遠い物語のように聴いた。

まるで推理小説のように緻密に計算し、可能性の一つ一つを丹念に潰していって、ようやくにも実父を突きとめたとき、窪島さんは三十を過ぎていた。言いようのない血みどろの葛藤《かっとう》は一挙に消えた。

まぎれもなく実の父親が、水上勉と分かった窪島さんは、偶然にもすぐ近くに住む、この著名な作家へ宛てて、手紙を書いた。

自分は決してみすぼらしい人間ではないという自負と、いきなり名乗り出る無作法に、決して他意のないこと。ただ長年かかって探し当てた者としての報告、といった哀しいまでに抑えた手紙だ。

以前、ぼくは水上勉が連載した教育畑の月刊誌に、二年近く挿絵を担当したことがある。文章を読まなくても構わなければ描く、というぼくの我儘《わがまま》を、面識のない水上氏は呑んでくれた。

これは著者自身の生い立ち、生育の過程での、いわばアルバイト遍歴、その苦しさが、ぎっしりと詰まった読みものだった。

連載がおわって数日のち、出版社が一席設けた席上で、ぼくは初めてこの作家と会ったのだが、おかしなことに、彼はぼくの作品については何も知らなかった。

幼いとき、宮大工の父親について、よく仕事場に行っていたそうだ。小さい道具箱を持たされて、村はずれの古びたお宮とかね、とは水上さんのその折の話。

父親が鉋《かんな》をかけて板を削る、そのカンナ屑《くず》が、木の葉みたいにひらひら地面に散らばる。爪先で蹴ると、それまでライオンみたいな顔に見えていたものが、わっと人の群れに変る。面白くて、日暮れまで父親のそばで、カンナ屑を蹴って、夢中でしたよ。

その、屑みたいに、タッチが散らばって出来たようなデッサンを眼にし、そこからぼくを手繰《たぐ》り寄せて、お願いしたということだった。

水上さんとは、それっきりで、何かのパーティで二、三度会った気もするが忘れた。水上さんから晩餐《ばんさん》をと、窪島さんを通して招待をうけたのは、戦没画学生の家々を、ほぼ回りおおせた頃だった。ぼくのデッサンに、自在な変転の不思議を感じてくれた人との、改まっての再会は嬉しい。

しかしその機会はこなかった。しばらくして水上さんは体の不調を訴え、自力での外出は困難になった。

水上さんが売れもしない小説を書きはじめたのは二十歳の頃らしい。まだ印刷工として立ち働くよりなかった。

夜おそく疲れてアパートに戻ってくる青年を、向いの部屋でミシンを踏んで暮している年嵩《としかさ》の女のひとが、時おり夕食のお菜なぞを持って来てくれた。そのうち女は孕《はら》んだ。これでは二人とも飢え死にだと、女は人を介して、生れた男の子を人手に渡した。水上さんは無断の処置を悔み、その子の所在をと質《ただ》してみても、女は知らないと言い張るだけだった。

ようやくにも小説で食えるようになった水上さんは、どこから探りだしたものか、折にふれて、貧しい靴修理屋の前を往きつ戻りつする。しかし子供らしい姿を見出せなかったと、その失意を文章に書き残している。

やがて戦争がはじまり、遂に東京は空襲で壊滅。すぐにも水上さんは駈けつけてみるが、そこいら一帯、どう捜しようもない瓦礫《がれき》の山。あの子が生きている訳はない。荒涼とした風景を目のあたりにした水上さんの文章がある。

窪島さんと歩きはじめてから何年かかったろう。上田市の郊外の美しい丘に作品を集めた建物が出来あがった。無言館のその日の祝いに水上さんは車椅子で、早くから顔を出し、列席の人たちに丁重に挨拶を繰返していた。

産みおとしたきり、どこかで育った実の子が、いつの日、習いおぼえたものか、早世の画家の絵を集めて信濃デッサン館を建て、いま又、戦没画学生の遺作を拾い出して、立派な美術館を作った。やってくる遺族の方々に、むしろ拝みたいような様子で水上さんは車椅子で近よっていく。

横浜のホテル・ニューグランドで、窪島さんの長女が結婚式を挙げることになり、早目に出かけてみると、来賓の人たちから離れたところに、水上さんがぽつんといた。ぼくの顔を見ると、みんなと同じ表情になった。

式場の同じテーブルにぼくたちは並んだ。そっと覗くと祖父と書かれた小さいプレートが見える。水上さんの向うは壇上で、新郎新婦。はからずも水上さんの顔の上に、同じ端正な骨格を持った若い女の顔が縦に重なる。おそらく水上さんは今日、はじめて孫娘を見たのだろう。

若いカップル連れだってのキャンドル・サービスが少しずつ近づいて、ぼくたちの前に立った。〈祖父〉はさっきからずっと眼を伏せたきりだ。

ああいう固く忍んだ静けさを、慟哭《どうこく》とは言わないのか、涙がとめどなく溢れていた。

石畳の路

坂崎坦

わたくしは坂崎坦《しずか》と申します。この度、所用あって当地へ参りました。ところで巴里滞在中、野見山さんに会ってくれるよう、伜《せがれ》、乙郎《おつろう》が申しておりましたが、せっかく勉学中のところ、この電話をもって挨拶に代えます。

なにかの口上を述べるような抑揚を持って、ゆっくりと言葉を綴り、言いおわると電話は切れた。

ドイツに留学していた坂崎乙郎は、夏のヴァカンスになると決まって巴里へやってくる。郊外のぼくのアトリエでは夜更しして、ともかくもお互い会っていれば、それだけで嬉しかった。

フランスでは見かけない茶褐色の長い外套をまとって、冬にやってくることもあった。

彼が日本へ去ってからどれくらい経ったものか。父親という人の電話には、明治人の簡潔さがあった。

それから二、三日して、はからずも顔見知りの講談社の人から、ルーヴル美術館の画集を作ることになり、思いがけずやって来た、との連絡が入った。

光村印刷の人もいれて五、六人のグループ、ついてはパリ滞在中のガイド役をお願い出来ればと言う。戦後の日本も少しずつ立ち直ってきたのか、何かの仕事を持ってやってくる人とも、たまに出会う。

さっそくにもその夜、ホテルに出向き、これから数日を過す皆さんと食事をした。なかに小柄だが背筋の伸びた初老の紳士がいる。坂崎坦、その人だった。

翌日からは、その都度、ルーヴル美術館と打合せ、撮影、と忙しそうだが、一応の手はずが整うと、ぼくは坂崎先生と街へ出る。

サンジェルマン・デ・プレからセーヌ河の方へ向う通り。いかにも左岸の雑多な小路、先生はここいらを歩きたがる。時おり立ち停まっては後ろを振り返り、迫ってくるような両サイドのアパルトマンと、その上の空を見あげる。

各区ごとに頁を折り込んだ、ポケット用の巴里地図を取りだし、御覧なさい、これはぼくが以前、巴里に居たときの地図です、と嬉しそうだ。

それは、ぼくがここで買ったのと同じものだった。素晴らしいじゃありませんか、これが今も役に立つ。東京はどうですか、大正時代の地図で街を歩けますか。

若いときの自分を今、この街中に見つけて、先生はしみじみと石畳の上を歩く。そのままの巴里がある。当時フランスまでの船旅は、どれくらいの日数がかかったのか、その先には、想像もつかない異文化の街並が拡がっていたのだ。

ルーヴル美術館では、ドラクロアの展覧会をやっていた。大きな作品の一枚一枚を、先生はうっとりと眺め、以前に傷んでいた箇所が丹念に修復されているのを見つけては、ひそかに歓びを噛みしめている。

これほどにも、美術史家が絵に愛情を持っているとは思わなかった。絵が好きな人間は、みんな絵描きになると思い込んでいた。

コロットの出現により、ドラクロイックスはその輝きを失いぬ。たしかそんな文体で徳冨蘆花だったかが書いている。遠い国の美術に関して、東洋の日本人がよくもこんなにのめり込んだものだ。ドラクロイックス。なんと涙ぐましい響きだろう。

絵描きは、一枚でも意に沿わぬ絵を残してはいけません。昨日、日本大使館に行ってきました。サロンに（鏑木）清方《きよかた》の絵が飾ってあったが、あれはいかん。清方というのはいい絵描きです。それがどうしてあんな絵を……自分で分かるはずだ。

先生はあえて厳しい顔をして、ぼくを見た。〈せっかく勉学中〉のぼくに、自分たちが培った気骨を、きっちりと受けついで欲しい。おそらく今と同じ真剣な風貌をして、坂崎坦青年はこの石畳を歩いていたに違いない。他愛ない顔をした大正生れのぼくたち、これが日本人の末裔《まつえい》かと、明治の男は黙ってはいられない様子だ。

三十代をずっと巴里で過して、ぼくはようやく日本に戻ってきた。それなり故国の日々にも馴れたころ、銀座の雑沓の中で、こちらに歩いてくる小柄な明治の人を見つけた。

先生、そう呼びかけたぼくの顔を見すえるようにして、ノミヤマさん、と先生は静かに言った。いつぞや、あなたから個展の案内状を受け取りました。わたしはその画廊を訪ねたが、あなたは居なかった。人に案内状を出しておきながら、本人が居ないというのは、どういう事ですか。以後、あなたの展覧会に、わたしは行かない事にしている。

言われてみると、そうかもしれない。しかし百年たっても変らない巴里の街とは違う、ここは東京、日本のど真ん中。明治から大正、昭和と景色の移った佇《たたず》まいの中で、昔ながらに個展の期間中、ずっと客を待ちうける、というのは時代錯誤というものではあるまいか。

時代の流れに敏感な日本人は、見事にその流れを掬《すく》いとって生きている。それを危なっかしいと思うことはある。しかし先生の苦情は、ことごとにぶつかるだろう。生きてゆくのが辛かろう。

個展に来ていただけないのは、残念でならん。こうした先達が居なくなるのは淋しい。しかし、誰よりも先生自身、淋しかろう。

もう一度、先生と歩きたい。あの石畳の路上で、コローやドラクロアの絵の中に生きている長いスカートで下半身をくるんだ女性たちと擦れ違っていたような気がする。

固く重く、変りようのないあの街から、ぼく自身遠ざかってみると、しっかりと歩いていないのかも知れん。犬や猫のように、そそくさと通っている。あの頃使っていた巴里地図をポケットに入れて出かけてみるか。しかし、ぼくが居たあの巴里がもうないことは分かっている。

誰がメシャンか

小川国夫

ノックしている。誰？　と返事したとたん、ドアが開き、うまそうな匂いがしてますね、と見知らぬ青年が顔を出した。

運のわるい男だ。ぼくたち四人、たった今、夕飯を終えたところ。闖入者《ちんにゅうしゃ》はみんなの前にある皿を見わたし、もう食べないなら貰っていいですか、と四枚の皿を集めて、骨の一つ一つ、残った肉を削《そ》ぎおとすように食らいついた。

原っぱを歩きつづけてきたような顔《ツラ》つきだ。昨夜、向いの部屋に着いたばかり、大学を中退して、と言うが、どういう名目でこのパリに辿りついたものか。無惨な敗戦が尾を引いたまま、一般の渡航はまだ許されない御時世だった。

パリの南に面した国際大学都市の一隅に建っている日本学生会館。半数はフランス人を含んだ外国の学生、あとの半数は日本人の留学生という規約。

ワタクシハ、日本カラ着イタバカリ。クニオ・オガワ、言イマス。フランス語ハ少シダケ、ダカラ皆サン、ナンデモ教エテ下サイ。

定期的に開かれるここの居住者総会で、おそろしくあどけないフランス語を、羞《はず》かしそうに壇上で小川国夫は口にしたが、勇気あるなあ。

あえて自己紹介までしたのに、この新参者は早々に街中へ移っていった。たまたま向いの部屋に屯《たむろ》していた半ちゃん（岡本半三・洋画家）やぼくのところには、時おりあの気軽さでノックしてくる。

そのくせ喋り方はやけにもたもたしていて、人に伝えようとしているのか、独りぼやいているのか、よく分からん。いつまでも骨をしゃぶっているような、どうでもいい話をぐちゃぐちゃと続ける。

いま俺、絵描いてるところだから、と言うと、分かってるよ、描いてりゃいいじゃん、と脇のベッドでごろりとなる。

どこに住んでいるのか、他人の領域へ自分の匂いを擦りつけて回る動物の習性みたいに、自分の温床との区別があいまいだ。そのうち夜と昼との区別も定かでなくなった。

ソルボンヌに通っているとも聞いたが、そんな事はどうでも、わざわざここまでやってきて終日、時間をつぶすくらいなら、どうして引越していったのだろう。

終電がなくなると、ぼくの狭いベッドに、脚の方から体を少しずつ逆に潜り込ませて、それでしばらくすると、もう鼾《いびき》をかいている。

ぼくより背丈があるので、首はぼくの脚もとまで潜れなくて、ベッドからぶらさがっている。これで朝まで熟睡してるんだ。

もう泊めない、と大声出しても、メトロのあるうちに帰ってくれと怒っても、メシャン(意地わる)と小さく呟き、長い顔でしげしげとぼくを見る。

しばらく来ないなと思っていたら、半ちゃんの部屋で、二人取っ組合いの喧嘩をしていた。半ちゃんは真剣だ。もう泊めない、と喚《わめ》きながら小川の胴体に食らいついている。

ここ迄の話は何度も書いた。いや、ぼくにとっての小川国夫はこれに尽きる。ほどなく小川はスイスの国境近く、グルノーブルの大学に移ってゆき、ぼくは三年住んだ留学生会館を出て、モンパルナッス界隈の安宿に、日本からやってきた妻を迎えて引越していった。半ちゃんがパンテオン近くに住むようになったのも、その頃かと思うが。

小川がパリへ戻ってきたのは、ぼくが妻と住んで間もなくの頃ではなかったか。二人のベッドには潜り込めないから、夜には帰るが、相変らずぬけぬけとしている。

もう来ないでよ、と彼女がおこると、おれはヨーコさんとこへ遊びに来てるんじゃないよ、とうそぶく。メシャンと小さく言う。どっちがメシャン。

その頃のこと、よく覚えていない。いや思い出した。小川はギリシアの方をスクーターで走り回って、真っ黒い顔でパリへ戻ってくるなり、まだ走れるスクーターをぼくに譲って、そそくさと日本に帰っていった。妻は一年経って、フランス滞在延期を申請しなくちゃと気にしている矢先、本人もそれと気付かぬ癌で、あっけなく亡くなった。

どうやって食いつないでいたのか。文字通りその日暮しで、それで絵を描いていられたのだから、不思議でならん。やがて郊外のアトリエを見つけて引越したが、なんとなく根なし草、エトランゼの寂しさと気楽さが、体に沁《し》みついてきたらしい。

そんな或る日、ひょっこりと小川から電話があった。パリに遊びに来たんだと。そんなお金があるのか、と聞くと、女房が国際線のスチュワーデスで、その家族はタダで乗れるんだと言う。

御馳走するというので、学生街へ出たが、石畳の勾配《こうばい》を、あちこちレストランを覗きこんでは、高《たけ》えや、と次の店を探す。誘いに乗って、うっかり街まで出てきて、又あの煮えきらぬぐちゃぐちゃか。

ぼくは小川に会うたびに、それまでの記憶をすっかり失くしてしまっているようだ。その度に口惜しがり、悪態を繰返す。

つい先ほど、新聞を拡げていて、学生時代の小川国夫の原稿が出てきたという記事と出会った。そんな若い頃から挑んでいたのか。つまり作家ダマシイを持っていたのか。

小川と触れあったパリでの、当初からをどう辿ってみても、ここに述べた小川以外、見当らん。やたら自分のことばかり喚きちらしていた男が、小説を書いていた。

会ったことのない小川国夫夫人から、亡き夫への追憶を綴った著書が送られてきた。身勝手な男の在りようがまざまざとうかぶ。

それから何年も経たない昨秋、夫人から再度、本が届いた。それは追憶とは違う、二人の生活の軌跡。そこに現れてくるのは、ぼくのまるで知らない男だ。

周囲を傷つけ、そのことで自分が傷つき、結婚の指輪まで投げつけてしまう。生活周辺にいささかでも、いびつな面を見つけると、もう仕事が手につかない神経質な男。小川国夫のどこにそんな追いつめられた心情が潜んでいたのだろう。

ほぼ読みおえた残りのページに、なんとぼくを名指しで、「文《ふみ》、一箋」というタイトルの文章が書かれている。

留学生会館当時、ぼくの部屋で、小川がのらりくらりしていた時代、会館の向うに拡がる宏大な原っぱの雑草に、二人して憩《やす》んでいる一葉の写真。

若い日の男たちの友情を、夫人は羨ましがっている。そう言われて眺めてみると、ほんとうに無邪気な、他愛もなく勇ましい小川。ぼくは放心の、ものうげな表情。

たしかにあの頃の日々を辿ってみると、〈仲良し〉と題して、子供が描いた絵みたいに、手をつなぎ合い、地面から脚は離れている。〈意地わる〉と言えば、双方向いあって、両手をぐるぐる振り廻している。

来る日も来る日も顔を合わせ、いらだって殴りあう日もあれば、連れだって街を歩くときもある。あれは幼子《おさなご》の日々だった。

異国の言葉のせいもあるだろう。ようやく覚えた数少ない言葉での自己表現。背のびしても、せいぜいそこまでの思考能力しか伴わないような気がする。ママゴトをやっていて、倦《あ》きれば、帰ってよ、とお開きにしてしまう。

そうか、ぼくは小川との回想で、同じことをいつまでも愚痴っている。何度も何度も書くのは、いつまで経っても、これはつい昨日の話なんだろう。

小川国夫を偲ぶ会の日、ぼくは冒頭の挨拶を頼まれた。その朝、目をさますと、霙《みぞれ》が降っている。わざわざこんな日を選ぶなんて、あいつは死んでからもメシャンだ。

小川は約束の時間までに来たことがない。三十分は平気で遅れる。一方的に約束してお
きながら二時間遅れてやってきて、ちょうどお昼になったから飯《めし》に行こう、は無いだろう。
しかし今日のぼくは遅れるわけにはゆかん。開会の五分くらい前、学士会館に着いた。
壇上に向おうとしたら、責任者が呼びとめた。間に合わないと心配し、急ぎ代役を振り当
てたと。すでに壇上に、見たことのあるような小父《おじ》さんが腰かけている。
その小父さんの話を、ぼくは会場の入口近くまで戻って、聴いた。なんでも小川と一緒
の講演会に出向いて行くと、女性はこぞって小川さんの方へ群がる。近ごろイケメンとい
う言葉をよく耳にするが、イケメンというのは、小川さんのような人だと分かりましたと
賞《ほ》める。
口惜しいよ、ほんとうに口惜しい。ぼくは積年の、待ちぼうけを食った数々をここでぶ
ちまけて、憂《う》さを晴らすつもりだった。ぼくが遅刻者扱いされるなんて、小川国夫、どこ
まで意地わるなんだ。このメシャン。

山里の童女

秋野不矩

いつの間にか、川幅は狭くなっている。流れは急になり、木々や岩の間を縫って、路は途絶えがちに上へ上へと続く。

間近に、ごうごうという響きが伝わり、古代に向ってひたすら歩きつづけているようだった。本当に、この登りつめた先に、集落があるのだろうか。

ぼくは芸大教師の頃からの習慣で、夏の間は九州の海っぱたで過す。そこへ近代美術館の友人から、展覧会の審査に来てくれないか、と依頼がきた。天竜川を溯《さかのぼ》っていった山里だという。

どこを流れているのか、物語や古い歌でしか聞いたこともない天竜川。

勘弁してもらいたい。せっかくの休暇を、そんな遠いところまで。しかし友人は、草ぶかい山里での展覧会という、その心意気を汲んでやって下さいよと、ねばる。九州からたいしたことはない。アキノさんは印度からやってくるんだから。

いったい何の話だ。この友人は時おり、とぼけた話を持ち出す。アキノって誰、印度のひと。

数日して、白い封筒が転送されてきた。秋野不矩《ふく》としたためてある。我儘なお願いだけれど、自分の育った土地に、なんとか絵ごころを根付かせたい、ついては審査員として、お力を貸していただけないものか、とそれだけの願いというか思いが、二枚の便箋に、短く、行間をゆったりと取って、手を合わすように滲んでいた。

おそろしく身勝手な男のように思えてぼくは気おくれし、指定された日、知らない駅に降り、知らない道を、天竜の流れに沿って登っていった。やがて人里が見えたとき、ぼくは天に近づいたような思いがした。

わたくしはこの路を毎日歩いて小学校に通っておりましたと、きりりとした小柄な女のひとが近づいてきて、いくらかはにかみながら、アキノですと言った。

若いころ、その小学校の教師も務めたというから、流れの音を聴きながら、育っていったのだろう。

この人には会ったことがある。そう思った。子供のころ、よく遊んだ女の子だ。あのあどけない顔のまま、本人も知らずに年輪が、そっと皺《しわ》を刻んでいる。

ぼくは戸惑った。あの静かに歌うような手紙を呉れた女性と、幼いころの懐かしいおかっぱ頭の遊び仲間と、どうしても結びつかない。

結びつかないところがいい。その後、何度かこの山里を訪ねたが、会えば、あくまでもぼくの幼い日の仲間だったし、送られてきた何通かの手紙からは、天に近い集落からの美しい声が伝わってもくる。

困ったことに、秋野さんはこの地方の人々にとっての誇りで、みんなは美術館を作って広く顕彰したいと願っているらしい。しかし本人はどうしても嫌だと言って首を縦に振らない。

町長さんだか市長さんだか、ぼくからも説得して欲しいと、大マジメに訴えるあたり、よほど手をやいているのだろう。皆さんのためのお金を、わたくしの絵を見せるために費やすなんて、いけません、と秋野さんはぼくに向っても真剣だった。

ぼくは幼な友だちの味方だ。味方というよりも全く同じ思いだ。ともかく美術館を作っては駄目、と秋野さんと一緒になって、相手の翻意をうながすのに懸命だった。

天竜の流れや、それに沿った小径。後年渡った印度の土色の家、土色の河、生存の生臭さと、身近な神。今まで生きてきたこの画家の日々の中に、いまさら何を記念しようというのか。

低い声で一途《いちず》に自分の歌をうたい続けてきた老女に、大勢の人々の目をいっせいに向けさせるような、そういう負担をかけてはいけないと、ぼくは思った。

それから何年のちだったか、秋野さんに文化勲章が国から贈られることになった。どのような思いで本人は受け止めているのか、思案しながら、ぼくは手紙を書いた。

やはり、あなたのような人が戴くべきものかと思います。

勲章という制度はともかく、これはマトを射た人選かと、ぼくは小さく拍手を送ったのだ。

折返し秋野さんから手紙が届いた。いつものように短い文章が行間に浮んでいる。絵描きというものはそっとしておいた方がよいのでは、と素っ気なく、それなのに祝うような言葉をのべられるのは心外といった、いくらか苦情めいた文面だった。

ぼくはあの山の上で独り途方に暮れている幼女、いや老女を思い、したり顔で手紙など書いたことを悔いた。

又しても夏が来た。今回の審査に出席の返事を出して間もなく、秋野さんから電話が、九州まで掛かってきた。電話などという手っ取り早い軽便な会話法は少なくとも秋野さんとの間では唐突だった。

九州なのですね、そんな遠い所から審査に来ていただいているとは気付きませんでした。わたくしは郷里だから何でもないが、あなたには負担がかかりすぎる。審査は断って、絵を描いて下さい。

まるで朗詠するようにそれだけ告げて、判りましたね、と念を押された。

この夏は出席と返事したので、来年からそうすると答えると、時間は大事です、病気ということで、わたくしから断っておきます、と強くぼくの気持を汲んでくれた。

たしかこの電話のやりとり以後、秋野さんとは会っていない。亡くなられたのは、それから間もなくのように思う。秋野さんは印度に帰っていったんじゃないか、どうもぼくにとって秋野不矩という人は、ここの住人ではなく、時おり姿を現しているように思えてならん。

天竜川に沿って行った記憶も、秋野さんの幼い日からの、ぼくが聞いた物語も、実はぼくが作りあげた幻想の中を流れている。山里、山里とぼくは言うが、本当にそんな集落が今どきあるだろうか。

秋野さんが亡くなられたあと、息子さんと会ったことは確かだ。ぼくはあなたのお母さんが好きでした、と言った。母もあなたが好きでしたと息子さんが言った。嬉しかった。ぼくたちはお手々つないだ仲良しだったんだ。

たてがみのある猫

加島祥造

新聞の〈悼む〉という欄を切り取って、机の片隅に置いたまま、もうかなり日がたつ。ふさふさと白い髪をなびかせ、頬っぺたも白い髯でおおわれた爺々《じじい》。こちらへ眼を向けて、きりりと唇をむすんでいる。

「独りを恐れぬ自由人」と大きな見出し、加島祥造。

一ページにわずか一行ずつのアフォリズム、『求めない』を出版したのが、本人も面食《めんくら》うほどの金になったのか、これで老後は安心だと、花咲爺さんみたいに顔じゅうの白い毛をゆさぶりながら、大きな声をあげていた。

それにしちゃ、いささか心残りだな、加島さん。92歳とある。いや年齢はともかく、まだ老後といったツラではなかろう。曠野のライオンが薄眼をあけて、遠くを走る小動物を眺めているあの風情《ふぜい》。

耳が遠いのは、わるくないですよ。女のひとがぼくに話しかけるとき、ずっと頬を寄せてね、なんとなく唇がふれるような気がするんですよ。

あどけない顔、ひそかな、少年のような悦び。しかし次のページをめくると、獲物を口にくわえたライオンが写っている、というようなことはないだろうな。

夏になると、ぼくは故郷に近い唐津湾のほとりで過す。あれは何年くらい前の夏だったか。加島さんが近くの街で水墨画の個展を開いたので、訪ねてみた。しばらく会わないうちに、あの童顔が消えている。

個展が済むと、すぐにも海っぱたのぼくのところへやってきた。手廻しよく近くの漁村の舟宿に陣取って、以前からの住人のように屈託がない。

夏も終りに近づいていた。ぼくたちは海の向うに、ぎらぎらした太陽が沈むまで、砂浜で日々を過した。

暑いさかりはいつもバリ島へ出かけているというだけあって、加島さんはバティックを造作なく腰に結びつけて、それが日常みたいな爽やかな風情。白髪《はくはつ》、白髯《しらひげ》の裸身、原初的な人類を偲ばせる。あなどれない老人だ。

戦争おわって間もない、まだ食べ物を探しまわっていたころ、〈荒地《あれち》〉のグループが屯《たむろ》しているところへ、ぼくは友人に誘われて行った。

詩のグループといっても、詩人として名が通っている訳でもないが、新たな時代に思いを秘めた、先鋭的な二十代の若者ばかり。

仲間うちの会合も、グループのひとり、田村隆一の実家、大塚の料理屋の、蒲団《ふとん》部屋といったような具合。お互い膝を寄せあって、店の酒を安くわけてもらい、カンカンガクガク勇ましかった。

その中で三好豊一郎と加島祥造は絵が好きなんだな、何となく親しくなったが、二、三年してぼくは日本を離れ、それっきりになった。

あれは何の会合だったか、大勢で青山のキャフェみたいなところで飲んでいるとき、ふいに声をかけられた。加島ですよ、と人なつっこい童顔。あれから三十年くらいはたっている。よくもぼくを憶えていたものだ。

かなり亡くなってね、生きている奴が少なくなっちまいましたよ、と加島さんはぼやいた。偶然だがその日、ぼくは北村太郎の、新しく出す詩集のゲラを、バッグに入れていた。装幀を頼まれたのだ。

どうしてもそのゲラを加島さんは見たがった。ぼくが取り出すなり、がつがつと眼を通し、厄介なことにならなきゃいいが、と神妙な顔つき。いまね、田村の女房を連れて、北村、ずらかってんですよ。

　なんだか知らないが、詩人というのは異性交遊、忙しい。絵描きは思慮に欠けているから、くねくねとした道行きは辿らない。誰とどういう組合せになるか知らないが、その後、しんねりと縺《もつ》れながら付き合うというような話は聞かない。

　海っぱたのぼくのところには、福岡の街や近在の絵を描く女性たちが気軽にやってくる。とっくに牙のとれた好々爺《こうこうや》だと心許しているのだろう。ぼくから見れば、みんな若い。

　みんなで浜辺に行った。波間で浮いたり沈んだりしているうちに、気がつけばぼく独り。日暮れというには、まだ早い。家に戻ってみると、サロンのでかいソファに、洗いたてのぼくの部屋着を、誰に着せてもらったのか、詩人ながながと寝そべっている。枕もとに女、脚もとにも。いやともかく、いつの間に、本当にいつの間に竜宮の浦島太郎。

　白髯の爺さんに初めは畏《かしこ》まっていたが、それも束の間、いいですねェ、風がやわらかく女のひとの首すじをなぶるのは、と笑顔を向けられると彼女たち、もう胸に矢がささったみたいだ。

次の夏だったか、ぼくのところへ来ると約束した日を、一日早めてもいいかと電話が入った。天草の女友だちのところにいるんだが、彼女の亭主が亡くなってまだ数日、仏壇のある部屋に寝かせられ、線香くさくてやりきれんといった顚末《てんまつ》。やさしく引きよせて、がぶりとひと呑みのライオンは取り消そう。そんな分かりやすいもんじゃないようだ。夢中になって口の中に放りこんでも、噛みくだけない苛立ちが詩人なんだろう。

いや他の詩人のことは知らん。それとなく擦りよって、当然のごとく女の膝にのっかる飼い猫の習性を加島祥造は身につけている。これは会得したというより、持って生れたものだろう。口惜しくても容易に真似できん。

またしても夏が来た。しかし涼しくなりかけても現れない。秋に移ろうとするころ、分厚い手紙が届いた。和紙に毛筆で、いつも分厚いのだが、ことさら厚く、思慕しているドイツ人の彼女が亡くなって、どこへ出る気もない、と涙ながらの近況を伝えてきた。

彼女のことは、折々にそれとなく、例えば東京へ戻るプラットホームで、電車を待つ束の間、囁《ささや》くように告げていた。

そのうちに何か言ってくるだろうと、それほど気にもしなかったが、伊那谷のいつものアドレスで、知らない女のひとから一通の手紙が届いた。

手紙を書く体力も失せ、ずっとベッドに寝付いたきり。どうか手紙を出してやって下さい、と側で看病している人からの頼みだ。淋しかろう。独りぼっちにされるのは、どんなにか、辛かろう。

加島さん、ぼくはまだあの海で浮んでいる。爺々が二人、白髪をべったりと滴《したた》らせて浮んでいるのは面白い構図だった。口惜しいだろう。ぼくも口惜しい。

独りだけのシャトー

南桂子

お桂ちゃんと呼ぶ。みんな、そう呼ぶ。ひとり、亭主の版画家は、お桂と呼ぶ。お桂ちゃんには亭主がいるんだ。しかし、お桂ちゃんが誰かの女房だとか、絵を描いているんだとか、かつて童話作家になろうと思っていたなんてことは、どうだっていい。

ぼくより、どれくらい姉さんなのか、いやこれも知らなくていい。生れてはじめてこの世を眺めた驚きのような、つぶらな瞳が、ぽっかりと見開いている。いつまでたっても大きな童女だよ、お桂ちゃんは。

ぼくの住んでいるところから、歩いて十五分くらいの、アパルトマン、その最上階にあるアトリエ。モンパルナッスから南へ、なだらかに坂を降りていったあたり、メトロが地上へ姿を現して、アトリエから覗くと、遥か下を、プラモデルのように隊列がうねりながら小さく走っていた。そう、お桂ちゃんとはパリで会った。

パリには世界中の人が集っている。近くの住人たちは、お桂ちゃんを何処の国の人間だと思っていただろう。おそらく日本人が見たって判るまい。生れたばかりのような、あどけなさに国境はない。

亭主に言われて、タバコを買いに行く。ゴオロワアズ二っ箱、シルブプレー。太古の人間の言葉を聴くように耳をかたむけ、店の親爺は、よく分からないと言う。あえてもう一度言わせる。お桂ちゃんが大声で再度注文するのをまるで鳥のさえずりを聴くように、何度もうなずく。

亭主は若いころパリに住んでいたのだが、買物は言葉の分からないお桂ちゃんに任せる。意地悪じゃなく、ここでの日常に馴染ませようとしているのだろう。お桂、今夜の前菜は烏賊《いか》にしよう。

烏賊はセッシュ。覚えにくいねとお桂ちゃんはいう。当時、早川雪洲という有名な二枚目俳優がいた。そのセッシュウだね。しかしお桂ちゃんはベソをかいて帰ってきた。売ってくれないんだと。

魚屋の意地悪じゃない。ちゃんと名称を言わないと渡すな、と近在の店屋に、これも亭主が頼んでいる。何と言ったんだ。お桂ちゃんは声を張りあげた。ハ・ヤ・カ・ワ。

なるほどねェ、原始人の祝詞《ノリト》を聴くように、店の親爺はただ嬉しがってただろう。いつ訪ねてもお桂ちゃんは、版画を制作している亭主の、広いテーブルの向い側、こまごまとした沢山の道具の蔭から顔をだす。

マニエール・ノアールという、まんべんなく銅板を傷つけて画面の濃淡を出す作業を繰返す中年男と、ただそれを見守っている中年童女の黙劇は、不思議な光景だった。

いや、ほとんど閉じたような瞼《まぶた》で、ぽっちゃりとした頬がそのまま頭まで続いている、生きた地蔵さんみたいな亭主と、そう、お桂ちゃんの版画に出てくる作者そっくりなミミズクとが、対峙して、お互いを観察しながら、いやよそう。人の御面相を面白がっちゃいけない。

亭主はかなり我儘で、なにげない言葉のやりとりや、思うように仕事が運ばないと、不意に手を止め、マフラーを首に巻き、帽子を手にして出かけちまう。

丸い眼をもっと剝《む》きだして、お桂ちゃんはなにも尋ねない。亭主は御自慢の家柄で、お桂はいつも傍らに仕えてないといけないらしい。亭主はつねに重々しい表情をしている。よく猥談《わいだん》をするが、そういう時でさえ荘重な表情は変らない。

どう扱われても仕方がないのよ、とお桂ちゃんは言う。若いとき、まるで取引きみたいに、近在の素封家《そほうか》の倅《せがれ》と無体な結婚をさせられたのだと。

耐えられぬ日々の揚句、誰かを愛さずには生きられなかった。夫に背《そむ》いたのよ、とお桂ちゃんは、遠くをみつめるように言う。だからね、今、男からどんな仕打ちをされても仕方がないの。

それは違うなあ、ずいぶん古風な、婆さんみたいだ。あどけなく瞳を開いているミミズクに、大粒の涙は似合わない。

やがてお桂ちゃんはお腹に赤ちゃんを宿した。産むのは怖かった。流産だったという。生きものとも思えぬ小さな塊《かたまり》が、わたしの体から出てきたとたん、いきなり、又、わたしの中に戻っていったのよ、火傷《やけど》したみたいに体が熱くなって、わたし、気を失ったの。

お桂ちゃんの体の中には今もなお、裏切った亭主や、見捨ててきた子供たち。もろもろの罪業がいっぱい溜っていて、それから逃れることは出来ないのか。

お桂ちゃんが小さい画面に創りだす少女は、いつも同じ眼、同じ口、まるい輪郭。みんな同じ顔をして、少しばかり、かしいでいる。それが哀しい。いつも素足。どうして靴を履かせてくれないのだろう。

歩いてゆく路はないのか。鳥や魚と、みんな一緒になって浮んでいる。いいんだ。お桂ちゃんが、お空に植えた森、お桂ちゃんだけが住んでいるシャトー。

描いているところを誰にも気付かれず、隠れるようにして、あの最上階のアトリエで独り、暮したかったのだろう。いや亭主と終日、テーブルを挟んで向いあっていても、頭の中では、幼い日の歌を唱《うた》いつづけていたはずだ。

お桂ちゃんは、亭主の行くところに黙って付いていった。フランス、アメリカ、そして振り出しの日本。どこに居てもいい。自分の眠っているシャトーは、世界のどこにいても消えないし、誰も入れない。鳥や魚たち、気儘にやってきては、又ね、と何処かへ行っちまう。

さよならとお桂ちゃんと手を振って別れたのは、どこだったろう。覚えていない。しかしあのシャトーには、今もそっと潜んでいるように思える。

巴里のヤマトダマシイ

粟津正蔵

横浜の埠頭《ふとう》は、師走の海を霙《みぞれ》が横なぐりに吹きつけていた。長く恐ろしい戦争がおわって、ようやくにも、ぼくはフランス船に乗りこんだ。

翌日、神戸で、日本女性が加わる。まだ一般の渡航は許されない御時世。京都の育ちらしい小柄な女のひとは、二年まえに柔道教師としてパリに赴いた夫の許《もと》へ、願いかなっての旅立ちだった。

着く港々に、彼女の夫からの手紙が届いている。ずいぶんと待った揚句の思いが、今ずんずんと距離をちぢめている。

マルセイユの港に入ったのは、日本を発って一ヶ月のちだ。すぐにも乗りこんできた、横にがっちりとした体軀《たいく》の粟津正蔵氏には、彼女から甲板の上で紹介された。

二人が足早に船を降り、波止場で出迎えのフランス人たちと挨拶を交すのを、ぼくは甲板のデッキにもたれて眺めていた。

どうも場違いな気がする。日本からやってきたばかりのぼくたちよりも、もっと日本人だ、相手の正面に立ち深々と頭をさげる。

栗津さんが住んでいるパリ郊外の、フォントネ・オ・ローズという丘の上の集落。三、四年たってから、ぼくはその隣村に、はからずも住みついたが、手に入れたポンコツ車で、何かといえば丘を登っていったものだ。

そこには、川石さんの住居もある。栗津さんのところから歩いて十五分くらいか。年配らしい風格を持った川石さんは現在のフランス柔道界を築きあげた先駆者らしい。自分が主宰する道場に、強力な指導者が欲しいと一年の約束で呼び寄せた栗津さんを、それっきり手放せないでいるのだろう。自らが掲げた東洋の精神性、それに柔道の実力。他に代えがたいように思われた。

ごく自然に、ぼくも川石さんの家を訪ねるようになった。かつて学んだ、都の西北、早稲田の森に、をいささか詩吟調で子供たちに歌わせて喜んでいた好々爺《こうこうや》の顔を、今でも想い出す。

栗津さんのところでは、奥さんがやってきて一年後に、浩三クンが生れた。訪ねるたびに大きくなる。一軒家の二階だけを借りて生活している粟津さんのところへ、なんであんなにも、ぼくは遊びにゆき、夕食を御馳走になっていたのだろう。

次第にもの心つく浩三クンにとっては、近所の仲間たちの家庭と全く異なる自分の家が、不思議でならないらしい。

パパとママはフーフ（夫婦）かえ？　と親にたずねる。何を言うとる、当り前やないか、と粟津さんが、にが笑いすると、そんなら何でアンブラッセ（抱擁）せえへんの？　と訝《いぶか》しがった。東洋人の父親は、すべてが訝しい。

柔道を習うフランスの若者たちに対する粟津さんの指導は、彼らに納得いくのだろうか。ある夜、粟津さんのところで雑談していたとき、もういい加減、帰してやったらどうですか、と急に奥さんが言い出した。

隣の部屋に若者が四、五人、もう長いこと正座させられているらしい。稽古をサボったのか、真面目さを欠いたのか、家まで連れてこられて、このお仕置き。粟津さんは黙って、首を横にふったきりだ。フランスの若者に、この無言の鞭《むち》は通じるのか。指導に、民族や国籍の違いはないと、粟津さんはゆるがないが。

フランスにおける柔道の人口は年々増えつつあった。それなのに、というか、それ故にか、川石さんと粟津さんとの間が微妙にズレはじめ、やがて双方に、はっきりとした意見の対立が生じた。

東洋の日本で芽ばえた柔道を、禅の道にも通じるスポーツとして売り込み、パリに幾つもの道場が出来るまでに発展させた川石さんの功績は大きい。興行師としての才覚で、当初いささか大風呂敷も拡げていただろう。練習の方法を、世界中の人間が容易に入り込めるよう詳細に仕組み、帯の色にも工夫を凝らして、若者をあおったに違いない。

柔道の普及は川石さんの悲願だ。日本の柔道界に資金の援助を再三頼んだらしいが、君らの金儲けを何で応援しなきゃならん、と突っ撥ねられた経緯もある。

創立者とは常に戦いを挑む、イチバチの危険をはらんだ人物しかやれん、しかし夢が成就し、美事に組織化されると、それはもう別の生きものとして動きはじめる。そのまま君臨することは、私物化として許されん。川石さんと粟津さんとの間に生じる確執は当然袂《たもと》を分かつべきものだと、ぼくは思う。ひたすら堅実な人間の出番だ。

フランスでの成功を見た故国の柔道界はそれを我が傘下《さんか》に置きたいと手をさしのべたらしいが、それはいかにもみえすいている。

ある夜、訪ねてみると、粟津さんの表情はいつもより厳しい。世界柔道選手権のパリ開催は間近に迫ってきている。粟津さんは日本の柔道界に宛てて、所信を送ったらしい。

昨今のヨーロッパ柔道はかなり力をつけてきているので、侮《あなど》れないこと。従って日本は真に強い選手を選ぶこと。そういった杞憂《きゆう》と、多少の批判を滲ませていた。

返事が届いた。貴君は日本を離れて長い。自分の周辺だけに目を配って、井の中のカワズ、故国の実力を知っているのか。

あれは寒い季節だったように思う。パリで選手権大会が開かれた。ぼくは頼まれて早くから粟津さんの家に行った。奥さん共々会場の方へ赴かねばならぬので、幼い浩三クンを見てやってほしい。

浩三クンと急いで夕食をすますと、柔道の実況を映し出しているテレビから、もう目が離せない。オランダのヘーシンクが、日本の強豪を次々に倒して優勝。

世界に君臨している日本柔道が他国にねじふせられた。我が国にとっては、あってはならない出来ごとだったが、そのときから柔道は、世界のスポーツになったとも言える。

夜遅く、粟津夫妻は帰ってきた。負けましたな。粟津さんは低い声で、ただそれだけ言った。

この春浅く、新聞の〈悼む〉という欄に、すっかり白髪になった粟津さんを見た。生涯にかかってこの人はフランス柔道界を、スポーツとして更に〈道〉として、鍛えあげていった。勝つことを優先させてはいけない。相手と戦うに礼を重視した、と言葉少なに紹介されている。

とはいえこれはスポーツだ。戦うことは勝つことが終局の目的だろう。フランスに根をおろした栗津さんは、自分の鍛える若者には勝ってもらいたいと、かつて東京オリンピックで日本にやってきたとき、そう言った。

フランス柔道の礎《いしずえ》を築いた川石さんが、忘れ去られてゆく中で、粟津さんは故国から顕彰され、フランスからは、その功績を讃えられて勲章を授かる。丘の上の小さな村フォントネ・オ・ローズ。二人の日本人が肩を並べるように住んでいる。

粟津さんは寂しいだろう。たえず何かの板ばさみになって、異国に置きざりにされていたような気がしてならん。

一途にマンネン

萬年甫

萬年さん、マンネンさんという。フランス人はムッシュ・マナンと訛《なま》る。パリで出会って、以来どうという交際もしていないが、なんとはなく今までの長い道程、折々にひょっこりと萬年さんが顔を出す。

少し長い顔だが、体の長さと比例していて、前かがみに近よるあたり、医学に携わる者として信頼がもてる。マンネンさん、名前はハジメ。甫という字。

目黒で病院を開業している父親が、いずれは倅《せがれ》に跡を継いでもらいたいとの願いで医学を専攻させたらしい。

ぼくの話をしよう。ひどい戦《いく》さで日本中、焼野原になり、それが少しずつ風化されかかった頃のこと。やっとの思いで、留学生としてパリに渡って三年目。迎えた妻が、半年くらい過ぎて体の不調を訴えだした。学生病院に入っても一向に埒《らち》があかず、癌と分かったときは、もう手遅れらしく、ともかくも専門のキュリイ病院に移された。

知人に伴われて、医学部の留学生だった萬年さんが病院にやってきたのは、そんなさなかだ。

歩ける今のうちに日本へ連れ戻せという病院の女医と、死をおしつけるな、と喚《わめ》くぼくとの間に、いきなり立たされて、萬年さんは面食らったことだろう。

以来、萬年さんには、何かと頼り、すぐにもやってきた寒い冬、街はずれの蚤《のみ》の市を訪ね歩いたりした。あの時の他愛なく喜んでいた萬年さんの顔は忘れられない。

誠実で、どこかひょうきんな萬年さん、医科歯科大学の先生になったのはよいが、萬年助教授と呼ばれるのが辛かった、と例の、どこかとぼけた表情を見せたときは、おかしかった。

萬年先生、脳の研究をやっている。やっているというが、実験の標本がなかなか見つからん。人間以外の動物はこの世にわんさと生きているのに、それらの新鮮な脳を手に入れるのは至難の技。

どこそこで象が死んだとか、虎が倒れたと新聞で知ると、もう、じっとしてはいられない。野毛山《のげやま》の動物園でキリンが死んだというので駆けつけ、うまいこと首を手に入れてリュックに詰め、電車に飛び乗った。

死後硬直の首が少しずつたるんできましてね、と今にもリュックから現れそうな気配に慌てる萬年教授が、そのままキリンの首に見えてくる。学術的なことは知らない。しかし眼にも鮮やかに浮ぶ。

ぼくが芸大に勤めていたある日、電話がかかってきた。うちの若い先生が芸大に招《よ》ばれているが、心配でねえ、と芸大の雰囲気というか様子が気になるらしい。しかし医者の学校と、絵描きや歌を唄《うた》う学校と、どう結びつくのだろう。

やがて現れた新任の三木先生と親しく飲み交していたある夜、三木先生は真顔で、ぼくが死んだら、死体は自分に解剖させて欲しいと言いだした。ぼくの皮膚は、すごく気持よく剝《は》がれるだろう、と、うっとりと、舌なめずりするように全身を眺める。

そうか、絵描きとはまるっきり違う眼というのがあるんだ。あれはいつだったか、水彩画の描き方を教えて下さい、と萬年先生から電話があった。学者さんはなにを考えているのか。

堀文子さんと二人展を銀座でやっているとき、思いもかけず萬年さんがひょっこり現れた。堀さんと親しいのだと。軽井沢の友人の所に遊びに来ていた萬年さんを、隣の垣根越しに見つけて堀さんは話しかけたのだという。

だっていい男じゃない、そうしたらね、学校へ招んでいろいろ、ミクロの不思議な世界を見せて下さって、それから私、顕微鏡に病みつきよ、といった仲。

その夜は三人で祝杯をあげた。久し振りに見る萬年先生、かつてのパリでの若さは当然、昔のこととなり、頭もうすく、眼もそれなり垂れさがっていたが、あの、どこかとぼけたような表情が、うまい具合に秀才顔を溶かしていって、洒脱《しやだつ》な風味を帯びていた。

女にもてる、年とった女のひとにもてるマンネン先生。奥ゆかしいよなあ。再会を約束して別れたものだ。

『滞欧日記 1955〜1957』というとても分厚い本が、つい先月、届いた。日記を一冊の本にまとめたいので、表紙に巴里の風景を描いて欲しいと萬年さんから依頼があったのは、もう随分まえだ。

その本の中に、駄々をこねて医者を困らせる患者のパートナー、つまりぼくが再三、顔を出す。

〈9月8日　画家の野見山という人の奥さんが、サルコーマ（肉腫）でキュリー病院に入っているが、思うように看病出来ないので、何処か良い病院はないかと言う。日本に帰す意志はなく、キュリー病院の方では日本に帰せと言い、そこにギャップがある。八月初めに急に発熱して発病したらしい。首や腸や胸に出来ているらしい。レントゲンで小康を得ているうちに日本に帰るべきなのに帰らないと言うのが無理なのですが、夫はこっちで出来るだけのことをしてやりたい、それにしてもどの位持つか知りたいと無茶な話で、分らぬと答えるのみ。

9月9日　野見山夫人のことで御主人と友人、僕の部屋にやってきて、キュリー病院の方で、ここは救急病院だから長い治療の人は置けぬから出てもらいたいと言ってきたので、どうしようというわけです、御主人は自身、言葉は十分でないし、心配もあるしで、冷静に判断を下せる状態でなく、又、医学知識もなく、ただ、はたの取巻きの雑音に右往左往しているだけなので、噛んで含めるように話をし、経費の点や看病の事等も考えて学生病院に入るのが最も良いと思うと言うと、そのように決心して事を進めるという所まで行きました。これに約一時間半かかりました。

9月11日　昼食後、学生病院に移った野見山夫人の見舞に。大分弱っています。喉が少し痛いと言う。ずっと三十八度台の熱。これじゃ日本に送れないと思います。当地で最善を尽していることを萬年さんから妻の両親に一筆書いて下さると親も納得しようと、野見山氏から依頼されました。奥さんの実家へ今までの経過の報告。こういう手紙はなかなか大変。下書を何遍も削って清書、十一時に及ぶ。〉

この先も日付の所々に、ぼくの悩みの一端を萬年さんが背負い込んでいる様子が見える。この膨大な厚みの日記は、僅か一年と三ヶ月、もちろんぼくの滞在とも重なっているので興味をもって頁を追ったが、そのうちに萬年さんという人は、普通ではないと、ようやくにして気付いた。マニヤックというか、この丹念な追体験は尋常ではない。

水彩画を教えて欲しいといってきた時のことを思い出す。脳を数ミリごとにスライスして、その一枚一枚を検証して描きとめる。それは研究の過程で必要かもしれないが、それに挑もうとすること自体、異状なことのように思われる。

今はCTスキャンの開発によって記録は容易になったというが、困難な手作業は、別種のある貴重なものを萬年さんに伝えてくれたはずだ。

対象を見つめて、その実態を写しとることによって、奥に潜んでいるものが顕《あらわ》になる。絵の学校も医者の学校も同じだなあ。なにもこじつけることはないが、これは夢見る人間の所業だ。萬年さんは父の病院も潰している。

話はそれるが、つい十日ほど前、別に意図したわけではなく、ぼくはキュリイ通りや、学生病院のあたりを訪ねてみた。久し振りのパリだった。苦しい記憶も、遠い日のことになってみると、どこか懐かしい哀しさが漂う。すでにそこは病院でなくなっていたことも、ぼくを安堵させた。

この滞欧日記が出たのは、著者が亡くなって五年くらい経ってからだ。滞欧の日付は、更に六十年くらい溯るが、今もぼくのなかに生きている。

隣は何をする人ぞ

加山又造

絵描きたち五、六人、一部屋に集められた。学校の教科書をつくる出版社が、このメンバーで新しい美術の教科書を、という企画。

どうしてこの顔ぶれになったのかは知らない。会ったような、初めてのような、顔。しかし、お互いどこかで作品には触れていて、それなり自分の仕事の敵か味方かに類別している。

絵描きというのは、青年期までの、うじうじを引きずって、そのまま年を取っているので、この場で紹介されても、お互い、うじうじの眼付きは変らない。

壁も床も本だらけの雑然と広い部屋に通され、大きなテーブルを囲んであらかじめ決まっている椅子に坐らせられた。それぞれ、なにげなく坐ったが、編集会議での、その位置はもう動かない。

ぼくの右隣は日本画。干からびたような声で、加山ですと丁寧に頭を下げ、それっきり正面を向いた。

しばらくして、ぼくの方に向き、タバコ吸われますか、と聞く。吸うけども、止めたいと思っているところで……。ぼくの反応に戸惑いながら、タバコに火をつけ、嬉しそうに煙を吐いた。うまいなあ、どうして止めようと思うんですか。

大丈夫かな。タバコを持つ指や掌のひ弱なこと。やめないと死ぬんじゃないか。ぼくはしげしげとこの日本画家を見た。

加山又造。体重、四十キロに手が届くのが願いなのだと。そうだろな、五十キロ台から落ちまいと、ぼくがあくせくしているくらいだから。

いささか同情もするが、作品はブリューゲルだったり琳派だったり、到底、味方にはなれん絵描きだ。向うもその気だろう。ちらちらと時おり、ぼくの方を見る。五十歩百歩の痩せっぽじゃないかという目付き。

会議が重なるにつれて、それなり打ちとけてもきたが、隣同士に坐らせられた小男二人、うじうじは、なかなか抜けん。

子供には、どう教えればよいのか。自然とどう向き合い、どう自分の手に掬《すく》いあげればよいのか。

ぼくが意見を述べると、隣がすぐにも手をあげて違う所見をのべる。すこし向うに行ってくれよ。隣もそう思っているはずだ。耳もとでうるさいな、といった顔をする。

日本画の向う隣は彫刻。岩から掘り出されたような面《ツラ》がまえの舟越保武。奥まった両眼がほとんど動かないので、顔の幅、半分くらいの加山又造、時おり、岩肌に向って気弱く笑いかけている。

舟越先生の顔、リッパですね。この間の日曜美術館、見ましたか。いつかテレビに映った自分の顔を、加山さんはしみじみと情けながる。

こんな体をつくった親はいい加減だと愚痴る。能がないんですよ、なにも股でぼくを造ったといって、マタ造はないですよ、エヘへ。なんだ、そのエへへ。

メンバーそろって新宿の料亭に運ばれている最中、助手席に坐っているぼくと、席を替りたい、と言い出したことがある。舟越先生が、気にするな、と言ってくれるが聞かん。走っている途中のことだから、運転手も迷惑そうだが、加山さんは落ち着かん。序列にうるさい日本画壇の仕来《しきた》りなのか、加山さんのうじうじなのか。三台、車を連ねてのことだから、これからは違う車に乗ることにしよう。

そうだ、編集会議で集った夜は、その料亭で飲む会が用意されている。いつでも、まっ先に加山さんは酔っぱらう。

大きな声をだして廊下に出ていったかと思うと、体のどこかに、口紅のかすったような跡を残して戻ってきて、ああ、ばれちゃった、エヘへと騒ぎだす。

女将《おかみ》が硯《すずり》と筆を持ち込んで、なにか一筆をと色紙を差しだすと、加山さん受けとるなり、画面の片隅に蟋蟀《こおろぎ》、その触角を細く画面いっぱいに引いて、はい、出来ましたよ。

編集会議では、遠い椅子に坐っている温和な河北倫明《みちあき》。そこの二人、おやめなさい、としばしば口をはさむようになった。気づかなかったが、いつの間にか、東洋と西洋。二人は意地になっていたらしい。

手本として掲載する絵に、モネの《藁葺《わらぶき》》をぼくが推《お》すと、あれは塵《ちり》の集積と隣でけなす。

美しいものの最盛期を、そのもっとも美しい角度から描く、それが絵です。いや、そんな世俗の約束ごとを写して何になる。しかし、日本画は引かない。殿様の後ろの屏風に、夕日が当ってる塵の集積、飾っても、殿様、冴えないですよ。なに、それじゃ日本画は装飾か。

加山さんは、装飾画だと言いきった。ためらいがない。

何年かたって、このメンバーは解散した。それから又、しばらく経っていただろう。近代美術館の、何とか委員にさせられた。

出席すると、やはり隣の椅子は日本画だ。東山新吉。迂闊《うかつ》にもこの人が東山魁夷と知ったのは、二度目の会議からだ。しかし老いたせいか、欠席が続く。

ある日、席に坐ると、テーブルの向うで誰か手を振っている。加山又造。東山さんが辞めて、その後任だという。それならぼくの隣じゃないか。その向うに河北さんがいた。お二人を並べると困るので、席を替えましたよ。

残念だ。もう争わない。しかしこんなに、むきになって闘える相手はめったにいない。あのエヘへのねばり根性は好きだ。なに加山の酔っぱらい、実は一滴の酒も駄目だったとはなあ。色紙も自分が描いて恭《うやうや》しく渡せば済むと気を遣ってのことだろう。

暑い季節、いつもぼくは九州、唐津湾ぞいの仕事場に移る。いくらか涼しくなりかけて、そろそろ引き上げようかと思っていた夏のおわり、加山さんから電話があって、福岡の美術館でこの秋、個展をするので、オープニングの日まで、そっちにいて欲しいと言う。頼むと言う。こちらに誰も知った人がいない、と心細がる。そうか、この人の正体、エヘへなんだ。

当日、はやめに美術館に行くと、ぽつんといて、すがるような風情《ふぜい》。終る頃には日も暮れかけて、ちょうど実家に来ていたぼくの妹も、その夜、東京に帰る。行きつけの寿司屋で、二人を引き合わせた。

加山又造と聞くなり、妹は、え、あのいやらしい裸を描く人と、すっとんきょうな声を出した。

たしかにあの女体はいやらしい。画家は、いやらしく描こうとしている。ぼくにはそう見える。この画家は異性への憧れというものが、ないのではないか、これはエヘへの挑戦なんだ。

妹さんはたしか、田中コミマサさんの奥さんですよね、と、画家は応じた。当時、コミちゃんはストリップの女の、いやらしいことばかり書きまくっていた。へんな話になったな。

ご近所のスター

猪熊弦一郎

多摩川にほど近い、いくらか古い家々の残った界隈《かいわい》に、ぼくは一緒になったばかりのヨーコと住んだ。傷病兵で戻ってきたが、戦いが終ったとたん、図々しくも体はそれなり動けるようになっている。

知らぬ土地、二人して店屋なぞを探し歩いていると、いくらか瀟洒《しょうしゃ》な住宅地に出てきた。道は田園調布の駅の方へ続いている。こっちだよ、と不意に声がかかり、振り向くと五、六人の絵描きらしい若者が、イノクマ先生んちはこっちだ、と言う。ぼくを仲間と思ったらしい。マチスのような色彩の画家が、こんな間近かに住んでいるのか。

初めて猪熊弦一郎に会ったときのことは、覚えていない。ご近所というのは、なんとなく顔をおぼえ、親しみをおぼえ、あたりの景色に溶け込んで、別にスターが歩いていても、若僧のぼくが住んでいても、どうということはない。

猪熊邸は当時はまだ珍しい洋風の造りで、所用あって訪ねてきた評論家や絵描きが気楽に寝そべったり、泊れるベッドも部屋もない。やがてご近所のぼくに気づき、ぼくの所へやってきて、二次会のつもり、泊り込む奴も出てくる。その内、予約してくる者までいて、あまり遅くなると、ぼくなりヨーコが呼びにゆく。ドアをノックすると、あでやかな顔がいきなり目の前で、いつも戸惑う。あかい唇と大きな瞳が陽気に笑う。

猪熊夫人は、思い切り短いショートパンツの上にビニールのエプロンで、ぼくは目のやり場に困った。これはぼくだけではない。アメリカの透明な布切れを、まだ、ぼくたちは知らなかった。

猪熊さんは、会うたび、びっくりしたような顔。そう、当時、人気のあったコメディアンのエノケンそっくり。背丈もおなじくらいの短さ。こちらイノクマ・ゲンイチロ、略してイノゲン。

トワ・エ・モアというモダンな文化人の集まりで、この二人が組んでの寸劇は、見ものだったという。そうしたパーティを取り仕切る猪熊夫人の采配ぶりは、週刊誌のグラビアを飾り、顔は婦人雑誌の表紙になったりした。同時にいろんな風評も伝わってくる。

かつては産婦人科病院の院長夫人。あるいは陸軍大佐の妻といった噂、いずれにしても昭和初期の不倫ばなし。美術学校で猪熊さんと同級だった画家によると、もうすぐ卒業という時に大佐が怒鳴り込んできて、猪熊さんは退学、気の毒なことでしたよと言う。

若僧のぼくたちにとって、この仕置《しおき》はむしろ画家の勲章のように思えたし、スキャンダルにまみれた猪熊夫人は、より一層強い魅力を放っているように思えた。

戦後というあの焼跡の風景も少しずつ消えて、日本もようやくアメリカから、解放される日がきた。

フランスへ渡りたい。ぼくは留学の窓口を探して一年がかりの後、ようやくにもパスポートを手に入れた。

挨拶のつもりで猪熊邸に顔を出すと、アトリエに招き入れて、猪熊さんは妙に静かだ。

戦争のせいで、パリにいたのに日本へ帰された。思い出すように、語る。

暫くしたら藤島（武二）先生から呼び出しが掛かって、このまま君が日本に居るのは良くない。リベラリストとして、軍が目をつけているようだから、と先生は心配され、従軍という形で一時、ここから離れたらどうか。ま、そういった計らいで、せっかく戻ってきた日本から、又しても出なきゃならなくなったんだよ。

なるべく気楽な話のように持っていきたいのだろう、言葉をえらび、長々とつづく。ぼくは逆に息苦しくなり、話が終るのを待っていた。

すすんで戦争画を描いたのか、なかば強制的に描かされたのか。いずれにしろ、戦争画を描き、戦時中もスターのように生きてきた画家の言葉としては、これはどうにも腑に落ちん。ただそれを責める資格は、ぼくにはない。戦争の踏み絵の前に立たされてはいない。

それから数日して、ぼくは憧れの地へ旅立った。当時は船で一ヶ月、パリに住んで三年目、妻のヨーコがやってきたが、誰の差しがねか、大きな味噌樽を二つ船で運んできた。一つはぼくたち、もう一つは猪熊さん。アメリカを回ってフランスへ立ち寄るから、それまで預かってくれという注文品。

日本食はどこにもない頃で、この味噌樽は友人たちの評判になり、一つはまたたく間にカラッポだ。名残りつきない奴らが、やがて禁断の樽に目をつける。ヨーコは決して蓋をあけないが、イノクマミソの名で狙われだし、誰かがそっと一匙《ひとさじ》かすめ取ったことから、知らぬうちに減っていった。

猪熊夫妻はアメリカへ渡ったきり、フランスにはやってこなかった。しかし、猪熊さんを身近な人として親しみを持ったのは、このイノクマミソだ。ご近所の人としての、囚《とら》われない濃密な触れあいだったように思う。

外から故国を眺めているうち、リベラリストゆえに軍の目を逃れるという猪熊さんの、あの妙にぎこちない語りが、分かってきた。

当時、軍に協力したと見なされることに、どれだけの恐怖があったのか、そして従軍した仲間が、どうしてあんなにも我が身の保全を願ったのか。あの日の猪熊さんのアトリエの静寂と、時おりのトワ・エ・モアの喧騒が忘れられない。

戦後、三十年近くたっていたと思うが、NHKのカメラマンと一緒に、戦没した画学生の遺作を探して、ぼくは歩くことになった。猪熊邸のドアを叩いたのは久し振りだ。

片岡進は猪熊夫人の弟。バシー海峡にて戦死。二十四歳。片岡はぼくと美術学校の同級で、彫刻科の学生だった。パリの猪熊さんから贈られた淡いブルーのマフラーが似合う長身の美青年だった。出征する前日、今まで作った彫刻のすべてをぶち壊し、夜明けまでかかって、自分の首を作って出かけました、と片岡の兄さんが、白い毛布に包まれた粘土の塊《かたまり》をアトリエの床に置いた。

みんなが声もなく見おろしている。この中で、片岡とは直截《ちょくせつ》に血の繋がりのない猪熊さんがひどく慟哭《どうこく》し、誰よりも深く打ちのめされているようだった。どうしてだろう。

もう誰もこの世にいない。遠い日の話になった。しかし、ご近所づきあいというのは、思わぬ裏を覗かされることもある。数年まえ、中学の同窓会に顔を出した。奥さん連れがいて、たまたまその横に坐ったぼくに、彼女が思わぬ話をしだした。わたしの父は、画家の猪熊先生の奥さんと結婚していたんです。いや分かりにくい。どういう事だろう。

父は、四国から出てきた文部省の役人でした。その父を、中学で後輩の猪熊先生が頼ってきて、絵の勉強。父はたいへんに可愛がって、家にも泊め、絵具代にでもと、デッサンも買ってあげていたそうです。その父が、足を骨折するという事故で、入院。毎日、看病にやってくる奥さんが、ある日、顔を見せない。それっきり、ぱたりと姿を消した。猪熊さんと逃げたんです。病室に取り残された父は、淋しかったと思います。

あの奥さんにとって、地味な文部省の役人は、飽き足らなかったでしょう。父はそう申しておりました。ただ入院中の出奔《しゅつぽん》は、どうにも許せなかったらしいです。

やがて父は後添《のちぞ》いをもらって、わたしが生れました。母は、たくさん残されていた若い日のデッサンを、庭に持ちだして焼いたとか。父は、やめろと言ったけれど、という話でした。

お互い、生きるというのは、それぞれの業《ごう》を背負わされることになるのか。

波のはざまで

安西均

いくらか寒くなりかけていたと思う。安西均に電話してみた。どうしてるだろう。夜は更けていたが、まだ起きてるかな。

おお、と低く叫ぶような、いつもの声が返ってきた。まるで電話を待っていたような口振りだ。おい来ないか、独りで飲んでるよ、寂しいよ。

女房とは、とっくに別れたと言う。長いあいだ一緒に居たんだ、もういいんじゃないか。伜《せがれ》は四国に行った。

たしか子供は一人だったが、就職してそれっきり離れているのだろう。家族というわずらわしいものから抜けて、さっぱりとした独り身の実感があった。

飲むときは大抵、群れをなして、笑ったり喚《わめ》いたり。独りでいるときはまた厄介にも、女にのめりこんだりしているらしいが、家に籠ったきりなのか。新聞社はとっくに辞めていた。

むっつりと裸電球の下で、下級武士の面構《ツラ》えをした男が、卓袱台《ちゃぶだい》の前に坐っている姿がありありと浮ぶ。

亡くなったのは、それから何年も経ってはいなかったように思う。なにげなく開いた新聞で知った。記事の末尾にあった住所を辿って、ぼくは三軒茶屋の、駅前から商店街を斜めにはずれた、郊外とも場末ともつかない道筋に公団アパートを見つけた。一階の住人に尋ねたが、知らないと言う。

早く行かないと、卓袱台の前で安西均はあのまま待っているような気がしたのだ。二階の階段を降りてくる人に尋ねて、もっと上の階に、ようやく見つけた。こんなところに息をひそめていたのか。

ドアには、たぶん息子だろう、都心からそう離れていない町のアドレスが貼り出されている。そうだろうな、独り住いの男が消えれば、表札はいらん。

ぼくは外に面した通路の側壁に凭《もた》れて、凍《い》てつく二月の家並を眺めた。生れてこの方、それとなく記憶は今に続いているように思っていたが、美術学校を卒業する少し前くらい、国土が戦火に晒《さら》され、いつしか焼野原がこの世の景色と思い込んだあたりから、ぼくの記憶はかなり薄らいでいる。

そうと気付いてから、その欠落した闇の向うが、今とはうまく繋がらず、自分の出生さえ濁ってくる気配なのだ。

世の中には人がいて、それぞれの家に住み、お互いの間を道が通じている。地上の秩序というか、その当り前の世間が掻き消えて、ぽっかりと自分ひとり波の中だ。いや、ぼくと同じように寄せくる波のあおりで、いろんな人たちが近づき、潮の流れで、やがて消えていったりもした。

安西均とは、どこをどのように漂っていたかは知らない。ただお互い、しっかりと手をつないでいないと独りぼっちになる。沈んでしまうかもしれない惧《おそ》れがあった。


ぼくは詩というものが、さっぱり判らない。しかし安西均の詩集から、はらはらと散ってくるものを〈詩〉と思ったことがない。歯軋《はぎし》りしているような口調で、語りかけてくる。いまこの世に生きて、しらずに行きずりあう人や、ぼくたちの郷里近くに遠い遠い昔、流されてきたお公卿たちの、悲しさや儚《はかな》さが、手に取るように見える。

冷たい手摺りに寄りかかり、ぼくは目の下に拡がる人々の棲家《すみか》を眺めていた。きみの絵を見ながら飲んでるよ。あのとき電話の向うで安西均は言った。ヨーコさんがパリにいる君のところへ行くので、お別れにこの絵を持ってきてくれたんだよ。

どんな絵を渡したのかは知らないが、いつのまにか、そこには、ヨーコの顔が描かれているものと思い込み、あの頃のキュビスムを気取った肖像画の傍らで、頼りなく顎を突き出して笑う、いささか年を取っただろう安西均の顔が浮んだ。

この詩人は、もういない。揺れ動く波のはざまで、お互い沈まないように、しっかりと手を握りあった相棒は消えた。

ドアに貼られていたアドレスのところを訪ねてみよう。そこには当時のヨーコと、当時のぼくのキュビスムが混じりあって、一つの額縁の中に収まっているはずだ。

数日して、ぼくは郊外行きの電車に揺られ、静まった町に着いた。狭い玄関のベルを押すと、さっぱりとした若い女のひとが出てきて、長男の嫁だと人なつっこく頭をさげた。

義父《ちち》がずっと書斎に掛けていましたという絵を明るい縁側で見せられた。

ただ茶褐色の画面、何だこれは。五十年くらい経つにしても、画面の傷みはひどすぎる。戦後の粗悪な絵具のせいか、タバコの煙で炙《あぶ》られ続けたせいか。花が描かれているのでしょうと、女のひとは言うが、彼女が嫁に来たころは、まだ当初の色が残っていたのかもしれない。

日々見つめている詩人には、初めて見た日の色香が、そのまま焼きついてしまっているのだろう。いい絵だよう、見にこいよ、と言ったのがこれか。

義父の郷里の歴史博物館に書斎をそっくり移すらしいので、この絵をそこに飾らせて頂けませんか、と女のひとは言った。優しいお嫁さんだ。義父はとても、わたくしを可愛がってくれました。

安西均は温かい家族に見守られていたんだ。朝日本社に転勤で、単身上京することになった折、すぐにも引越せるつもりで家財道具の一切を、先に上京していたぼくのところへ、ごっそり送りつけてきた。

あれは、いくらか暑くなりかけた頃だったと思う。ようやくにも家が見つかったと、やって来て、ランニング・シャツ一枚、湧きでる汗を拭きながら、重い物から一つずつ荷台に積み込んでいた。女房や子供が待っている。安西均は手を休めなかった。

ぼくたちは、うまい具合、同じ渚《なぎさ》に流れ着いたが、地面を歩いているという確かな実感は、なかなか還ってこなかった。あれはいつ頃だったか、親しかった友人の偲ぶ会で、安西均に出会ったとき、おれは爺《じじい》になった、と恐ろしく情けない顔をした。なんでわざわざ老成したように見せるのか、そうか、自分の年齢が計れなくなっているのだろう。あの焼土に立たされたぼくらの年齢の誰もが、波の上に顔をあげて、溺れまいと懸命にもがいていた闇の時代があったんだ。

丘の上のカスティロ

石川ヨシ子

ぐんぐん坂道を登っていった。左がわの塀に沿って登りつめ、門のところでタクシーを降りた。以前、門を入って玄関までの植込みのあたりで迷ったので、石川ヨシ子さんが迎えに出てくれた。

日本の若い画学生のために、アトリエとギャラリーを兼ねた宿泊施設を、イタリアのどこかに欲しいと、画家たちが手を差しのべ、ぼくは新聞で訴えた。

世界の主な国は、そうした施設をローマあたりに持っている。いったい、どれくらいの金が要るのか、ぼくにとっては雲を掴むような無責任な記事だ。

ところがその二、三日のち、たまたま鹿島美術財団の評議会で、隣の席にいた石川さんが、そのお金、わたくしたちに出させて頂けませんか、と思いもよらぬ申し出。石川さんの横に並んでいたお姉さんも、にこやかに頭をさげた。鹿島家の長女と次女。

わたくしたちはイタリアで生れたので、つねづねイタリアにお礼がしたいと思っておりました、とこの上ない話だ。さっそくにも石川邸を訪ねたのだが、おかしなことに、そこがオリーブの樹々で囲まれていたように、いつの間にか、思い込んでしまっている。


それからいくらも経っていないと思うが、石川さんの個展案内状が届いた。絵を描いていたのか、知らなかった。彼女はそんなこと何も言わなかった。

おそらく石川さんは実業家夫人としての社交や雑務、母親としての気苦労や、使用人たちへの気配りで日々、精一杯のはずだ。どこからあの作品は生れてきたのだろう。

個展会場はたしか銀座のセントラル美術館ではなかったか。ずらりと並んだ大作は、いずれも桜、たぶん桜だと思うが、たわわな花びらが醸しだすきらびやかな風情《ふぜい》、といったものではない。

流れの深みから浮びあがってきたような、遥かな雲間に漂っているような、ともかくもぼくは遠いところへ攫《さら》われてきたような気がした。どうしてだろう。それを確かめるのが怖い。

秘められた精というか、すべてを司《つかさど》る得体のしれないものが、ただ画面に蠢《うごめ》いている。

あの丘陵の、塀に囲まれた邸の、誰もが寝静まった一室で、彼女は桜の精と魂の交歓を行っている。誇張ではなく、ぼくは打たれた。

しかし誰の口にも、その作品が話題になることはなかった。友人の絵描きたちに聞いても知らなかった。たしかにあの招待日の夜、居並ぶ人々は、ふだん画廊で見受ける美術関係の人や絵描きではなく、世間的にある地位をもった風貌の人ばかりだ。会場の周辺、黒い車がずらりと並び、会場に入るとき、ぼくはいささか気後れしたものだ。

お邸にはソッポ向いて、絵描きの世界だけに案内状を出すようにしたらどうでしょう。ずっとそれを願っているのですが、と石川さんは、いくらか淋し気な顔をした。彼女の周辺、打ちとけて絵のことで触れあう誰も居ない。同じ道を語りあえる人なしに、その情熱は持ち続けられるものなのか。日々の孤独な闘いも、その作品を世に問うことによって一般性をもつ。それは自分の確信に繋がるはずだ。絵描きのみんなに、ぼくは石川ヨシ子の絵を見てくれと叫びたかった。

家には祖父や両親がイタリアから持ち帰った画集、宗教画の複製がたくさんあって、幼い彼女は日々それらの頁をめくっては、自分なりに、いろんな空想の世界で遊んでいましたと、その頃のことを語ってくれた。

父は、庭に小さなアトリエを、彼女のために建ててくれている。その中で彼女はふんだんに絵の世界に入り込んで成長し、やがて美術大学を目指すのだが、父は許してくれなかった。こんなにも絵の楽しさを教えてくれながら、絵描きの道は断乎として拒んだ。母親はイタリアで、シモーネ・マルティーニに憧れ、絵描きになりたいと望んだが、やはり許されず、絵を楽しんで生涯を送っている。

母を見習うことにしたのか。いや、結婚したら絵はやめるつもりでした、絵はそんな生易しいものではありません。しかし、結婚してからも、母親になってからも、彼女は描きつづけた。

石川さんと知り合ってから、どれほどの歳月が過ぎただろう。ぼくはいくらか老いて、財団の評議員を降り、彼女と顔を合わす機会も少なくなった。

石川さんもそれなりの年を重ね、体も思わしくないのか、絵筆を執ることも少なくなったといった消息が、秘書の方から伝わってきた。すでに御主人も亡くなられている。

そうしたある日、今までの絵を洗いざらい見て頂きたいという連絡があった。画集を作りたいので、その所感をお願いできればとのことだ。

あの絵を見ることができる。ぼくは逸《はや》る思いで出かけた。描きつづける体力はもうないのだろうか。彼女はいったい幾つなんだろう。静かに、ただ何かを見つめるような、大きな瞳に年齢はなかったが、小柄な体はいっそう小さく映る。

広いサロンいっぱい、大きな作品が屏風のように広間を幾重にも塞《ふさ》いで、その一点ずつが、ぼくの目の前を移り過ぎてゆく。近作になるにつれて、当然のことだろうが、それなり構成や手捌《さば》きはうまくなる。効果を狙うようにもなる。日本画の伝統的な手法をたぐりよせ、画面はすっきりと流れに沿って心地好い。

しかしそれが何だろう。あの不思議がない。万朶《ばんだ》の桜の華麗さはどうでも、その奥に潜んだ精というか、あの、おどろおどろしさがない。化けものは消えたのだ。

ずっと以前のあの個展の作品を見せて欲しいとぼくが頼むと、すべて目の前に並べましたという返事。

いやそんなはずはない。それじゃ以前、ぼくが画面の奥に見たものは何だったのか。

石川ヨシ子は何か隠している。あえてぼくを招きながら、まるで違うものを、ぼくの前に晒《さら》して、この世から消えようとしている。

いや彼女は、ぼくの全く知らない世界で成長し、美の根源に浸《つ》かって、ひたすら自分を見つめて生きることを許された稀有《けう》な人だったのだ。

イタリア・ルネッサンスも、父が、娘のため家に招いた画家たちの教えも、貪欲《どんよく》に吸収しながら、彼女が辿りついたのは、自分の家の庭にある一本の桜。

ずいぶんと桜の名所を訪ね歩いての、あの数々の作品だとぼくは思い込んでいたが、どこも訪ねてはいない。一本の桜との対話で生れる夢は無限だった。

独りだけの世界から抜けて、画壇に溶け込むようにあえて唆《そそのか》したが、逆に自分を見失うことになりはしないか。ぼくの杞憂《きゆう》は、こういう作品になって現れたのか。迂闊《うかつ》にも気付かなかった。

個展をしたことで、今までになく彼女は、自分の絵を意識したことだろう。しかし何の反響もなかったのだ。画壇は、彼女を認めようとはしなかった。どなたも御遠慮なさるのか、率直な御意見を聞くことはありませんでした。なんともぼくには切なく響く。

彼女の経歴は、絵描きとして生きてゆくコースからは、外れている。このエトランゼに、日本画壇は冷たい視線を投げかけただけだった。世に問うため、その流れに沿って作りあげた作品は、迷い子のように、再び坂の上の邸に舞い戻って、それっきり表に出ることはなかった。

しかしかつて生きていた一刻《ひととき》、自然の奥深く潜んでいるなにものかに触れたのだ。ぼくは石川ヨシ子が羨ましくて仕方がない。

鼻たらしの巨匠

今泉篤男

モンパルナッスの盛り場をそれた静かなホテルに、今泉篤男を訪ねた。一年ほど前に日本へ戻った女友だちから、ぜひ会いに行くようにとの連絡があったのだ。

襟もとに覗くマフラーの瀟洒《しょうしゃ》さに、ある年齢の落着きがあった。この著名な美術評論家は、しげしげとぼくを眺める。

雨の降っている晩、玄関の呼び鈴がなるので、出てみると、君、きれいなひとが立っているじゃないか。ノミヤマの個展を見ていただきたいと言う。

画家はまだ若く、パリにいるとか。ともかく、こんな夜にぼくのところまで行かせる男が妬《ねた》ましくてね……。きみか。素っ気ない顔をした。

ま、お昼でもいただきながら、と今泉さんは通りに出ると、しばらく歩いてリュクサンブール公園を出た近くのレストランに入った。

クローズリィ・デ・リラ。この前はよく通るが、ぼくの懐《ふところ》具合で入れる店ではない。なに、注文の仕方だよ。高名な評論家は、もの馴れしていた。

その折の、なにげない約束が実り、後年、銀座の画廊から、個展についての具体的な連絡が入った。美しい女主人で、今泉さんはぞっこんだとの噂は、絵を送り出すより先にパリに伝わってきた。


それから四、五年たったか。三十代をずっとパリで過したぼくは、日本に戻ってくると、すぐにも今泉さんの邸を訪ねた。

そうか、どこかいい画廊で帰朝展をやらなくちゃ、と評論家は、ひとり合点し、一ヶ月たったら、やってこい。それまでに画廊を探しておこうと、有難い言葉をくれた。

こういう人を日本では先生と呼ぶことを知り、一ヶ月の後に先生を訪ねて、首尾のほどを伺うと、ふざけるな、といきなり頭ごなしに大きな声。森や麻生が食うや食わずで模索しているのに、甘えるな。

なにが無礼だったのか。日本語のニュアンスをぼくは忘れたのか。自分から手を差しのべておきながら、ふざけるな、はないだろう。日本では、先生と呼ばれる人と付き合うのは、骨がおれる。

かつて雨の夜、訪ねてくれた女友だちに愚痴ると、後日、資生堂のレストランで一席設けてくれた。その夜、やってきた先生、ぼくに会うなり、きみが日本に帰ってきたお陰で、またきれいな人に会えるよ、と他愛もない。

芸大に勤めだしたころ、フランス留学生の美術部門での選考を、暫くやらされた。今泉先生も一緒だ。

受験生が目の前に並べる作品が気に食わぬと、すぐにも窓の向うに展《ひろ》がる堀端に眼をやり、行き交うボートのさざめきに聴き入ったきりだ。

京都大学から来た受験生がヘタな石膏デッサンを何枚も提出した。先生は一瞥《いちべつ》するなり、ぼくに話しかけた。

学生時代、絵描きになりたくて、ぼくは研究所に通っていたんだが、ロクに裸も描けん奴がいてね、股間だけ黒く塗って、さっさと女を創りあげるんだ。ぼくは絵描きを諦めたよ。

受験生には何ひとつ質問しないで、先生はおわりにする。あるいは、まだここに坐ってるのか、とぐさり突き刺す。

しかし時には刃《やいば》を向けながら、いい点数をつけたりもする。悪態の奥に潜む真意を測りかねることも、しばしばだ。

安井賞の選考会でも、審査のさなか、横に並んでいる土方定一に、いきなり女の話を持ちだし、きみ、惚れてるんじゃないか、と。あられもない話。

惚れてるのはお前さんだろ、と相手は切り返す。二人がふざけているあいだ、みんなの前を候補作品は通りすぎてゆく。巨匠というのは立派なものだ。

独りだけ手をあげて、おかしな絵に惚れこんだりもする。ムキになって皆と立ち向う。駄々をこねているようで、うんざりすることもあるが、この人は見逃さない。そうして何人の逸材を拾いあげたことか。

いつだったか、ぼくはカミさんと車で走っているとき、先生の家の近くと気付き、立寄ってみた。

庭に向って、先生は独り、ぽつねんとした風情《ふぜい》。女の行方が分からなくなったと、かつて個展をやってくれた銀座の画廊の女主人のことらしい。

ぼくたちの顔を見ても、夫人がお茶を運んできても、先生、おろおろと言葉にならん。きみ、若い男と消えたんだよ。女の寿命って、いつまで続くのかね、きみ。

遠くまで拡がっている庭園の、中ほどあたり、噴水が細く、きらびやかに湧きあがっている。ここの主《あるじ》は、涙と鼻水を垂らしながら、皆と一緒になって眺めていた。

後日、この邸に赤ん坊が入りこんだ。なんでもここの主がどこぞで産ませたものらしい。いささか老いた小柄な夫人に抱かれた小さな顔をのぞいて、可愛いだろ、と先生は手放しだ。おれにそっくりだろ。

なにもぼくがおたおたすることはない。どうして、その場にいるだけで、ぼくは共謀罪みたいに脅えるのか。

たまたま、友人のところを訪ねると、折しも先生、車で帰ろうとしている。生れて初めてエッセイの本を出したので、数日まえ、贈っていた。

読んでいただけましたか。車の窓をおろして先生はうなずき、君ね、絵をやめて文章を書いたらどうだね。言うなり立ち去った。

あかんべえだ。車の中で、舌だして嬉しがってるんじゃないか。知らんぷりして、懇意な出版社に、ぼくのデッサン集を出させたりもしている。今泉篤男、真剣にこの世をふざけ散らしているんじゃないだろうな。

旧知の仲だった日経新聞の円城寺社長が、紙面に企画した〈私の履歴書〉は好評だった。

今泉さんは読む気にならん、とケチをつけた。自分の行跡を得々と述べる奴の気がしれん。この世に生れて、おれは何をしてきたか。みんな消してしまいたい。出来ることなら自分の存在さえ抹殺してしまいたい。

今泉さんの訃報をきいて、その夜、訪ねてみたが、それらしい身内の人は見当らず、香典をポケットに入れたまま、帰ってきたのを覚えている。

ナベ男、フタ男

井上長三郎

ずいぶんと鄙《ひな》びた、遠いところに来たような気がする。板橋区立美術館。くすんだ絵が、しめやかに並んでいて、いささか時代が遠のいた感じもする。

やたら喚《わめ》きちらす近ごろの絵に見馴れていると、呟《つぶや》くような画面は妙に人なつっこい。描かれている人も馬も犬も、よくぞ立って歩いているな、と思うほど頼りない。立派な紳士、こうもよたよただと、胸に輝く勲章も、そのうち泥んこになるだろう。腹ぐろい男が、その腹見すかされまいと、立派なスーツで体を被《おお》っている。その横を犬が、したり顔で歩いているなんて、こんなユーモアを持っている絵は日本では珍しい。

井上長三郎、変てこな絵描きだな。沈んだ色合い。何が描かれているのか、近づくと、じわりと笑わせる。おかしいんだ。今ごろになって気がつくなんて、ぼくもどうかしている。深いところから込みあげてくるこのユーモアは、さしずめ東洋のドーミエ。

仲間は、多少の煙たさと親しみをこめて、長さんと呼んでいた。頬骨張って、いくらか奥眼。体は小さいが、文句あるかといった面《ツラ》構え。はやい話が大工の棟梁といった風格。戦争おわって焼野原。そこから抜け出そうと、国をあげていくらか涙ぐましい時代。ぼくは九州の田舎で描いた絵をひっさげて、自由美術展に出品した。

その会員懇親会というのが、上野公園の韻松亭《いんしょうてい》であり、ぼくは初めて、野武士みたいな子羊みたいな面《ツラ》つきの絵描きたちを見た。この先、どう生きてゆけばよいのか、寄る辺ない独りぼっちの、雄々しい集団だった。ほとんどが三十代から四十代のはじめ。二十代おわりのぼくは、そっと尻尾にくっついた。

しばらく飲んでいるうちに、あろうことか摑み合いの喧嘩になり、麻生三郎と誰かが、雨のそぼ降る庭で、泥んこになっている。敷石に頭でも打つと危ない。ぼくが手を出そうとすると、傍で見守っていた井上長三郎が、止めろと言った。やりたいだけ、やらせとけ。

つい三、四年まえまで戦争は続いていた。その当時、井上長さんは独立美術の中堅どころ。〈軍馬〉と称して、痩せ馬がよたよたと、暗雲たれこめる中をさ迷うの図を出品したらしい。

たまたま軍の報道官、陸軍大佐一行が展覧会を視察、この絵に出会い激昂した。案内役の児島善三郎は、その場に井上長さんを呼びだし、作品の撤回を言いわたした。井上長さんは動かなかった。独立美術は軍の御用団体か、と逆に楯突く始末。尋常なご時世ではない。下手をすれば独立美術は潰される。返事に窮した児島善三郎の眼の前で、そうか、ここは軍の団体かと毒づき、その場で自作をおろして持ち帰った。

自由美術の大方はそれぞれの団体からのはぐれ狼だが、井上長さんのこの一件は伝説になっている。よく無事で帰れたものだ。あの頬骨の面《ツラ》つきを見ると、嘘ではあるまい。

ぼくが自由美術に仲間入りして一、二年のち、毎日新聞社の肝煎《きもい》りで、上野の美術館の各一室を、それぞれの美術団体に提供して、連合展というのを呼びかけてきた。あてがわれた狭いスペース、会の幹部ばかりで飾るか、小品にして全員ずらりと肩を並べるか。それぞれの団体が自主的に決めればよい。これは今までにない面白い企画だった。さっそくにもぼくたちは韻松亭に集合。なにかと言えば小さな親分衆の群だから、顔をよせあって、いちいち小うるさい。

よその情報も入ってくる。自由美術は、全員デッサンを並べることにしたらどうか。井上長さんがいきなり提案した。どこも派手にやりたがっているから、ぼくたちはそれを逆手にとって、デッサンで、力量のあるところを見せてやろうじゃないか。

口で言うほど勇ましくも思えないが、絵描きの気骨《きこつ》、なんとも爽やかだ。金のかからないこのアイデアは直ぐにも決まった。歯ぎしり派だと誰かが言う。

わりと遅くに、ぼくは初日の会場に入った。大きな団体の順に部屋が並んでいる。辿りついた自由美術は、予想していたよりも地味というか、デッサンだけでは、こんなにもひっそりとした壁面になるのか。ふっと一ヶ所、空白の壁、無理にも額を引きずりおろしたような釘あとがあり、そのまま紐が垂れている。

振りむくと、井上長さんが立っている。さっき、麻生がいきなり自分のデッサンをはずして、持って帰ったんだよ。

なんと、井上さんは油絵を出品しているという。目立っていいぞ。よかったら君も、油絵と取り換えろよ。

次の日の夜だったか、その次の夜か、ぼくは井上長さんの家を探した。学生時代に住んでいたアトリエ村の一角。よく来たな、と井上さんはへっちゃらな顔をしている。昨夜遅くに戸を叩く奴がいるので、出てみたら、麻生が、インポーと怒鳴って、帰っていったよ。

これは陰謀なのか。下手すればバレる、といったものではない。ぬけぬけとみんなを欺《あざむ》き、色がついているのは俺の絵だけだバンザイ、と双手《もろて》をあげてみても、なんぼのことか。

ユーモアのかけらもない。

ぼくは暫く居たようにも思うが、初めて会った奥さんとも、火鉢を囲んで三人。なにを言うでもなく、帰ってきた。

かつて軍を相手に、ひとり立ち向かった男が、人のいい絵描き仲間に、この仕打ちはどういう事。雨の庭に濡れて立っていたのは、あれは友だちじゃなかったのか。

板橋の美術館、井上長三郎の遺作展では、なにか一筆と頼まれたが、ぼくは書けなかった。

この人はいったいどういう人間なのか。ただこういうユーモアを持った絵を描くとは、今の今まで知らなかった。それから間もなく、ぼくはフランスへ渡り、三十代をずっと過し、帰国してみると、自由美術は二つに分れて、あの無頼の歯ぎしり派は消えていた。

絵から受ける思いと、その人間の印象とが、えらく違うことは往々にしてある。そういうとき、ぼくは絵の方を信用する。絵は嘘をつけないと思っている。

一巡した遺作展の、おしまいの壁に画家の言葉というのが、眼についた。〈われナベにとじブタということわざがありますが、これも他人さまの場合には、おもしろおかしく語りますが、さてわが家のこととなると、どっちがナベかフタか識別しにくいようです。わたしは自分がとじブタと思っておりますが、妻はわたしをナベと思っているかも知れません〉。

なんといじらしい市井《しせい》の住人ぶりだろう。これも井上長三郎か。

銀座のお袋

向井加寿枝

しばらく暮していたパリで、折々に描いていた漫画のたぐい、知らずにいっぱい溜っている。昨今の、ストーリーを追いかけるコマ割りの劇画とは違う漫画。ただ一つだけのシーン。怒りや哀しみをオブラートで柔らかく包み込んで、笑いとばすユーモアを、ぼくはフランスで教わった。

そんな悪戯《いたずら》な一枚一枚を、銀座のギャレリー　ポワン5丁目店という、名前は長いが、とても小さい画廊の壁いっぱいに並べて展覧会をした。

銀座のど真ん中だが、当時は板張りの階段をがたがた音をたてながら上って、そうだな、今から五十年くらい前、まだ薄っぺらい銀座だった。

ポルノ風のくすぐりも数点交ざっていたが、画廊の女主人は飾らしてくれない。当局がかなり煩《うるさ》い時代ではあったが、それにしても女主人は、大声をあげて笑いとばしてくれるものと思い込んでいた。

向井加寿枝。やや肥り気味の、というより婆さんになる一歩手前の、肉がたるみかかった、ぼくにとっては、まさにお袋さんといった風情《ふぜい》。

画廊を手伝っている青年をある夜、誘って銀座を飲み歩いたが、ギャレリお袋、えらく怒った。

それから二、三日して、慶應の美術史の先生、さる美術館の学芸員、それに自由が丘の画廊主、せまい漫画展の会場でぼくを取り囲み、画家の私生活はどうあるべきか、と妙な雲行きになった。

ここの女主人、お袋もどき。真っ向からぼくの根性を叩きなおす意気込みで、この面々を呼んだらしい。なんだって、こんな吊しあげに遭わねばならんのか。そもそもこのギャレリお袋と、知りあったことも、個展をやるほどの親しさになったことも、日本に戻って、わずか二、三年のことなのに、どうしても思い出せん。

ただ、どこか太っ腹な小母《おば》さんだと思い込んだらしい。彼女はどうぼくを見込んで、自腹を切ってまで個展の手をさしのべたものか。一目惚れの、親子関係ってあるのかな。

ぼくの漫画展は、よく売れた。パリの蚤《のみ》の市で、折々に見つけたアンティークな額縁で飾ったせいもあるだろう。フランス並みの、日本よりずっと安い値段も手頃だったに違いない。

しかしぼくの手許《てもと》から消えてしまうと、名残り惜しい。ああいうひとりでに湧いてくるエスプリはこの日本の土壌からは生れない。

教育ママが、ぼくにはうっとうしくなってきた。

誘われて友人たちと雪山に行き、スキーで右脚のくるぶしを痛めたのを幸い、しばらく銀座の方は敬遠することにした。

教育ママ、どこで聞きつけたか、レジェのとびきり豪華なリトグラフ集を持って見舞に来た。ところどころ画家自身の手で色が入っている。脚が治るまで、これを眺めてという親ごころだろう。

敬遠していても同じことだ。向うからやってきてはいろんな話をする。いやほとんど熊谷守一の話。彼女にとってこの画仙人、絵描きの鑑《かがみ》。

〈ヤキバノカエリ〉という、ただ丸い輪郭を三つ並べて、これは三人連れ、白い四角いホワイトは遺骨の包み。ともかくそれを携えて原っぱを歩いている、まるで判じ物みたいな小品を、どこかの画廊で見て、彼女は釘付けになり、以来この老画家の許に日参するようになったという。

誰とも知らずに、よくもこんな見栄えのしない絵に、惚れこんだものだ。かなり衝動的に大枚を払ったと思うが、どこからこの一枚に生涯を懸ける眼を養ったものだろう。若いころ女子美で学んだと聞いたが、絵の学校でお手本になるような絵じゃない。ぼくは学生時代、熊谷さんちのすぐ近くに住んでいたが、後年のあの白髪、白鬚の仙人とは違って、顔をおおう毛は黒々と、まるで鍾馗《しょうき》さんが歩いているようだった。

あの風貌はいくつになっても、それなり立派だ。夜の銀座に連れ出したら、もてるだろうな。仙人が喜べば、画廊のお袋さんも、ぼくへの教育方針を考えなおすだろう。

身にまとっている仕事着を、帯や紐のゆるみはないかと隈《くま》なく点検し、両手で腰のあたりを叩いて、よし、と声をかけ、アトリエにお入りになるのよ。まるで美神が潜んでいる天《あま》の岩戸を押しひらいて、仙人が光の中へ消えてゆくような、まぶしい話だ。

やがて画廊の名称はギャルリー・ムカイと変わる。この画廊、熊谷守一だけ。よくぞ惚れ込んだものだ。返す刀で、ぼくを見据えているのか。ああいう画仙人を自分の手で育ててみよう。向井さんの、ぼくを見る眼は少し血走ってきたのじゃないか。

だから、芸大にぼくが勤めると聞いたとたん、声が出なかった。どうして絵の先生なんかになるの。なりたくはないが、ぼくは五万円の月給が欲しかった。妹の家族と同居している。独立したアトリエが欲しい。

早速にもお袋さんは識者を呼びよせた。しかしまあ、夜の巷とは違って芸大ならばと、集った人は彼女を宥《なだ》めた。あんなにも口惜しそうなギャレリお袋の顔を見たことがない。月々、それだけの余裕があればと自分を責めていたのだろう。

ほんとうに申し訳ない。彼女は一途なのだ。いつでも真剣だった。惚れこんだ絵描き以外、振り向きもしなかった。


彼女は車に絵を積んで走る。すごく飛ばす。脇見もしないが、角の道から何が飛びだすかも気にしない。よくも今まで事故を起さなかったものだ。今はぼくを乗っけて、ひたすら走る。

別れた亭主との間に出来た一人息子をニューヨークの画廊に預けていて、向うの絵を彼女はせっせと画廊に並べる。どう工面したものか、ニューヨークには版画の工房みたいなのを持っていて、向うのいい絵描きの、出来たての作品が壁を飾る。しかしそれは日本の画仙人と、どう結びつくのか。彼女の顔に淀みはないが、ぼくには不思議でならん。

画廊で売れているかどうか、ともかくも今、見たいアメリカの絵が、小品ながら、あるいは水彩、版画、デッサン、そこには並んでいた。向うの息吹が、この小さい画廊を領していた。

　ぼくがパリに渡った一九五〇年代、新しい秩序に向って一途だったフランス画壇は、いつの間にか疲れ果てて、太平洋の向うから吹いてくる風が、新たな時代をあおった。仙人と若僧のぼくが、その新たな壁を飾る。

　いや、ぼくの絵は愛想がない。ほとんど売れない。しかし向井さんは、よその画廊みたいに、もっと判りやすい絵を、とは言わなかった。教育ママ、耐えて、歯を食いしばって、いつかの日を待っていたのだろう。

　やがて向井さんは金策尽きると、ニューヨークの工房を引き払い、意地でも新しい版画工房を吉祥寺近くに移し、ニューヨークの画家たちの作品を手伝った摺師《すりし》たちを引きもどした。英語が不自由なせいもあったのか、ただ黙々と彼らは手伝ってくれて、ぼくは暫くシルク・スクリーンに熱中した。

　知り合ってから、どれくらいの歳月が過ぎたものか、すっかり白髪になった向井さんは時おりタクシーに揺られて、ぼくの仕事具合を見に、銀座からやってきた。

　銀座にただ一軒だけでもいい、あんな画廊は出来ないか。依怙地《いこじ》なくらい自分の好きな絵にこだわって、がむしゃらに走る、あんな画廊主は居ないのか。向井さんが亡くなってもう何年になるだろう。

最後の炭坑屋

野見山佐一

筑豊炭田のまっただ中、丘陵の肌を階段状に削り、ハモニカを羅列したように長屋が密集した、そこは坑夫たちの住家。

家の内も外もない、つつぬけに人々は喚《わめ》きちらし、大声で笑い、あけすけに生きていた。うちの父ちゃんもそんなもんだ。ぼくが駄々をこねると、いきなり離れの蔵に放りこむ。おびえたぼくの泣き声が、みんなが夕食をとっている台所あたりまで、犬の遠吠えのように聞こえてきたと、姉は幼いときのぼくをよく憶えている。

父ちゃんは急ぎ金が欲しいばっかりに、こんな荒っぽい界隈に質屋を開いたのだ。農家の三男坊に生れたが、その頃、近在のあちこちで燃える石、つまり石炭を掘りあてた奴の話を聞く。父ちゃんの親父さんが、たまらず先祖代々の田畑を元手に手を出して、その大半を失ったという。

糞っ、父ちゃんは炭坑を夢みるようになった。餓鬼のときから闘う男だったんだ。しかし炭坑町の呉服屋に丁稚《でっち》奉公していた折の、いくらか黄ばんだ写真を見ると、本人が言うほど凜々《りり》しいもんじゃない。

ともかくも、実直に番頭として勤め、嫁をもらい、それまでに貯えた三百円、先ず土地を手に入れ、店と蔵と、二人住めるだけの家を建てると、手許に残ったのが百円ぽっち。これで質屋がやれるのか、この人、どこかおかしいんじゃないかと、母は思ったそうだ。

朝早く農家を回っては古着を買いあさり、店に積みあげておくだけで、仕事着の継ぎ当て、手っ甲脚絆《きゃはん》、何にでも使えると、長屋の連中が喜んで買ってゆく。

なにより体の丈夫な女を娶《めと》りたいと父ちゃんは願っていた。その母は、商売を手伝い、次々に子供を育てる。近くの井戸に行っては水を運び、耐えに、耐えた。

あるとき、年かさの女が店に現れ、こともあろうに、炭坑に手をつけた亭主が、坑内の出水や落盤に悩まされ、どうにも首がまわらず、苦しんだあげくに成仏したと、涙ながらの話。その炭坑を担保に金を貸してもらえまいかと頼む。

そんな日の来るのを待っていた父ちゃんは、金を持っている知人のところへ走り、ともかくも共同でどうだ、と早くも燃えた。母が自分の手に質屋は残しておきたいというのも聞きいれず、すぐにも店をたたんで、もう後には引けないと、父ちゃん、鼻息荒かった。

ぼくが小学校二、三年ぐらいだったろうか。父ちゃんに連れられて、草茫々《ぼうぼう》の小山に踏み入り、うそ寒い吹きっさらし、いきなり小さい穴ぼこが、地底から暗い闇をのぞかせているのを見て、足がすくんだ。

ボーリングで確かめ、掘りさげていった地底、たしかに悪くはなかったが、先人が苦労のあげくお陀仏したはずだ。掘っても掘っても水が溢れる。

懸命に質屋で貯めた金なんかはモノの数ではない、あっけなく消えた。深く、陽の光の届かない洞穴で、下半身、水びたしの父ちゃんや坑夫たちを見ていると、もう地上へ戻れないような怖さで、声が出なかった。


十年近くまえ、山本作兵衛という坑夫あがりの爺さんが、記憶を辿って描いた〈筑豊炭坑絵巻〉というのが、殊勝にも世界記憶遺産に登録された。この作兵衛爺さん、奇しくもぼくの父ちゃんと同じ歳。だからそこに描かれている筒袖の鼻たらしはぼくだし、クリカラモンモンの坑夫たちに怒鳴っているのは父ちゃんだ。

褌《ふんどし》だけの男が手足を縛られ、焚き火の真上に逆さに吊るされていたり、両手、両足を、くの字に曲げて組合せ、宙にぶらさげた絵。これは本当のことかと父ちゃんに聞くと、むごい絵じゃのう、と眼をそむけたが、ケツワリの図と書かれているのを読んで、そんなら、これくらいの事はされるぞ、と当り前のように言った。

ケツワリとは坑夫が、一家で夜逃げすることらしい。炭坑というのは、よほど辛いところだったのだろう。投資した相棒はすでに手を引き、注《つ》ぎ込んだ莫大な今までの分、父ちゃんは借金として、もろに背負わされている。

ぼくは小学校を卒業し、一応中学を受験させてくれたが、どうか落ちますようにと、母は祈ったという。父ちゃん、自分の炭坑、どんなにかケツワリしたかったろう。とはいえ、のしかかる借金いかに辛かろうとも、自分ひとりでの経営を、父ちゃんは望んでいたと言う。

この地方では、炭坑を目指している男のことを山師《やまし》という。今に一攫千金《いっかく》だぞと言いふらして、あたりに迷惑をかけるのがオチだが、なんとぼくが中学を卒業する頃、その千金、父ちゃん遮二無二、もぎ取った。もう父ちゃんなんてもんじゃない、堂々たる男っぷりだ。

父は盛大に酒をあおった。立ちあがって軍歌をうたい、炭坑の親分衆と手拍子を取りながら、きみと寝ようか五千石取ろか、と大きな声を張りあげる。

筑豊の山を越えた福岡のお城近く、大きな武家屋敷を買いとり、あえてそのままの間取りで新築させた。丁稚にあがった幼い頃から、自分の将来について、父は見事に組立てていたのかもしれん。どんな些《さ》細《さい》なことにも、確信があった。

ただ誤算は、長男のぼくが絵描きになると言いだしたことだ。許さん。事業の後継云々《うんぬん》よりも、絵描きとか歌うたいといった遊芸の民を嫌っていた。営々と働く人間に身をすりよせて生きる輩《やから》は許せん。

中学の図画教師が一度といわず二度も家に訪ねてきて、ぼくを絵の道にと頼んでくれたが、父はきかん。こんな成績の悪い子供は、どこの学校にも通らん、いったい親御さんは何を望んでいなさるのか、と教師は大きく口をあけて笑い出したものだ。

許すと決めてからの父は、美術学校を出るまで、ぼくの言うなりの金を黙って出してくれ、成績や日々のことには一切、口をはさまなかった。

父の事業は伸びていった。中国大陸への日本の軍隊は徐々に戦線を拡げ、石炭の需要はますます欠かせないものとなってきた。父はもう作兵衛さんの絵の世界には出てこない石炭業界の役員や代表として、国会に陳情に行ったり、それなり信頼される人間になっている。


世界の国際的な均衡が破れ、思わぬことではなかったが、いきなり世界相手に日本は戦争にふみきった。食べる物も着る物も店頭から消えてゆく。ぼくは美術学校の卒業を待たずに、遥かなソ連の国境に一兵卒として配属された。

なんのことはない。以前から患っていたひ弱なぼくの胸は、凍りつく北辺での苛酷な訓練に耐えられず、数ヶ月を待たずに、国境の病院で、死を待つだけになった。

よくぞ生きていたものだ、ひと冬が過ぎて故国へ送還、福岡の街から海ぞいに数キロ離れた傷痍《しょうい》軍人療養所に移された。

一度だけ父は見舞に来た。伜《せがれ》は国に預けている。そう信じて入隊以来、面会に来たことはない。

手にしていた戦争画展のカタログを開いて、戦時下の絵描きたちの、すぐれた描写力を讃《たた》えた。ロクな絵も描けず、兵隊の役にもたたぬ伜を、父は黙って見ていた。

アメリカの飛行機が隊列をなして福岡の街を襲ったのは、やがて夏にかかろうとしたある夜更け。今はもう何が起っても意外性はないが、夜が明けるまでに、この大きな街は、焼野原と化してしまった。

ぽつんとぼくの家は残った。陸軍の西部四十六部隊が兵舎にしていたお城は跡かたもなく、そこから幾らの距離もないぼくの家は、部隊の兵站《へいたん》部として接収された。

鉄道もバスも不通、三十キロ離れた炭坑へ通えなくなった父は動きがとれん。すでに炭坑は軍の管理下に置かれて、父の出る幕でもない。

子供たちは、とっくに田舎に疎開していて、両親はなんとか台所につながる八畳一間をあてがわれた。

療養所から外出してくる度に、我が家は戦場化して、玄関脇のさるすべりの木には軍馬が繋がれ、台所に通じる鶏小屋には、食料用の豚まで飼われている。

父の部屋には、いちばん偉い大佐が控えているらしい。廊下の片側はすべて軍の物資が積まれ、兵隊たちの足音と怒号がとびかう。又しても兵舎に舞い戻ったのかと、ぼくは身ぶるいした。

朝起きてから眠るまで、一室に籠っていると、またたく間に、汗とも埃《ほこり》とも交じったような臭いが立ちこめてくる。これはあの炭坑に住んでいた頃の空気だ。

母にとっては、父と暮しはじめた頃に戻ったようなものだが、もうあの父の姿は消えている。だらしなく浴衣《ゆかた》を引きずり、うつろな顔で、ほとんど窓べにうずくまったきりだ。

寝巻きがわりの浴衣を、いくら母が言っても、着替えもせず、それだけに大きな図体が、うっとうしい。無精髯《ぶしょうひげ》の頬は妙に薄っぺらで、あの眼光鋭かった男っぷりは、逆に嘘くさい。

時には蠅叩きを持って、檻《おり》の中のように八畳間をおろおろと歩きまわる。襖の外を駆けめぐる男たちの動きの内側で、五十の男ざかりがこのザマかと、母はぼくに愚痴った。

空襲のサイレンが鳴りだすと、誰よりも慌てふためいて、父は国民服に着替えるのももどかしく、防空壕に入りこんだきり、だんまりを決めこむ、居ない振りをする。

台所の縁に並べられた酒樽を、たまに当番の兵隊が大瓶に移しかえにやってくると、目ざとく父はへばりつき、拝むようにして、手にした升《ます》にわけてもらう。なによりもその姿を、母は嫌った。本気で憎んだ。子供たちと一緒に、疎開させればよかったと悔いた。


そうした日々のさなか、本当にこういう日がくるのか、いきなり終戦。

いままでの無精髯を、父はさっぱりと剃りおとすと、浴衣を国民服に着替え、大佐に面会を申し出て、はじめて自分の部屋へ入った。

軍が埋蔵しているガソリン、それにトラックの類《たぐい》。地図を拡げてつぶさに聞きだし、一切、自分が引き受ける、早々に解散するのが得策であろうと促した。

こうなってみると、立派な髯の大佐殿も、烏合《うごう》の衆の一人に過ぎん。勝ってばかりだった我が帝国陸軍は、敗《ま》け方を知らん。兵隊の一人一人が、手に持てるだけの軍の物資を背負って、逃げるように散っていった。

胸の病はもう殆どよくなっていたが、ぼくはこの世がこの先続いてゆくとは考えられなかった。

やがて日本が国として世界に認められ、国外へ渡航が許される時が来た。ぼくは当座の費用を、遺産替り、父にねだってパリに渡り、いつの間にかそこで十二年の歳月が過ぎた。四十なかば、日本に帰ってみると、父は老人になっている。すでに炭坑は辞めていた。石炭の時代は石油に替っている。

やがてぼくは母校の芸大の教師に招かれた。大きな展覧会をやる度、父は観にきた。しかしぼくの絵は、父にとってなんのヘンテツもない。芸大を停年まえに辞めて、福岡にぶらりと戻ったとき、父はいきなりぼくの腕を、大きな掌で摑み、バレタのか、と言った。すぐには呑み込めなかったが、ヘタクソなぼくの絵がバレて、首になったと察したのだ。教師になれたのは長年の洋行のお蔭だと納得してのこと。

知らなかったが、中学時代、それから美校時代、休暇の折、ともかく家に残していたぼくの絵の一切を、父は中庭に持ち出して、ことごとく焼き払った、と父の死後、かなり経ってぼくは知った。

いろんな事業の話が来ても、父は動かなかった。立派な会社、社長の椅子を頼まれても、乗らなかった。父は炭坑が好きだったのだ。

九十八歳。前年の足の怪我さえなかったら、もっと生き続けただろう。父は死ぬのを口惜しがった。葬儀に筑豊炭田御三家の代表的な御仁《ごじん》の顔があった。父と懇意だったとは聞いていない。尋ねると、最後の炭坑屋に別れに来たのだと。

あとがき

　近ごろは、どんな歌がはやっているのだろ。今まで過してきた折々の、触れあった人々、忘れられない情景など思い出すたび、そのころ巷《ちまた》に流れていた流行歌が、ひとりでに浮ぶ。いや逆だな、伝わってくるメロディから、その折の情景が浮びあがる。

　さらばラバウルよ、又来るまでは、と流れ出すと、長い戦いの果ての寄る辺なさが蘇ってくる。赤いリンゴに唇よせて、うん、涙が出るよ。そうして爆発的なトオキョ・ブギウギ。荒涼とした焼跡がどこまでも続いていて、叫ぶような大声で、誰もが唱《うた》ったものだ。

　絵描きを志したころからの長い念願かなって、戦後、いち早くフランスに渡ってみると、戦勝国のフランスも疲れ果てていた。イヴ・モンタンの枯葉よーと誰に呼びかけるでもない孤独感が、人々の心を捉えて離さなかった。

　べつにぼくは歌が好きなわけじゃない。それどころか、かなり音痴。しかし、時代が移り変るにつれ、それなりの情緒を漂わしていた。

いつの頃からだろう。ぼくの周辺、映像はきちんと映し出されていながら、音が入ってこない。今はどんな歌がはやっているのか。まさか、昨今、流行歌は消滅しました、というようなことはないだろう。

そうか、どうやら、ぼくはサイレント版のスクリーンの中に放りこまれたらしい。ただの映像だけでは、どんなに大きな唇がスクリーンに映し出されても、胸がときめくことはない。

いろんな出来ごとも、思いもよらぬ情景も、音が掻《か》き消されてみると、ぼくは空しくボックス席に据《す》えられた観客でしかない。本当に、ごく最近になって、人々の群から離れていたことに気付いた。今まで住んでいた世間から遠退《とおの》いている。

去年の夏、ぼくは五十年近く住んでいる練馬区から名誉区民という称号を受け、いくらか戸惑いながら、表彰式に出た。区の文化センター。舞台に立つと、観客席が階段状に迫《せ》りあがって、天井近くまで人の波だ。

ぼくと並んでもう一人、表彰のリボンを胸に付けた小父《おじ》さん、漫画家だった。ぼくの次に名前が読みあげられると、会場から盛大な拍手がわいた。

次に、先年同じく名誉区民にあげられたという小父さんが壇上にあがった。この人も漫画家だった。新たな拍手がわいた。いやこの二人に送られる拍手は鳴りやまず、それは本当にみんなの心をわし摑みにしたような響きがあった。

この二人はそれぞれ自分の肌そのものになっているような、トレードマークの恰好《かっこう》で、頭にはいつものキャップをかぶったまま、表彰の花束を受けている。はてな、どこかで見たことのある人種、そうだ、かつての画家のイデタチ。

とうに芸術は失《な》くなっていると、ぼくは公言していたが、まさか本当に、こんなに、人々の中から消えているとは知らなかった。その日、文化センターに集った人々は、殆どぼくの絵に関心がなかった。

気付いてみれば近ごろ六本木あたりの美術館に並ぶ若者の作品、キャンバスに描いた漫画だ。いやあえてキャンバスに描くこともないのか、最近、キャンバスのメーカーはつぶれている。

江戸時代の浮世絵版画のように、漫画は今の人々と共に生きている。お城の中の屛風を揮《き》毫《ごう》する画家たちのスポンサーはもうこの世から去っている。今となってみれば、お殿様伝説は昔むかしの話。

当世の人々との共感というか、交流、その醸しだす空気が塞《せ》き止められているのに、みんなの口ずさむ歌が聴こえてくる訳はない。いわばぼくは今の世間に生きていない。

交遊録シリーズ、これで終る。今までに出会った人々は、そのまま記憶の人として、ぼくの中に住みついているが、無伴奏の中にいるぼくに、今後、新しい交遊が生れることはない。

野見山暁治（のみやま　ぎょうじ）
一九二〇年、福岡県生まれ。画家。東京美術学校油画科卒業。応召ののち病を患い、福岡の療養所で終戦を迎える。五二年に渡仏、サロン・ドートンヌ会員となる。五八年安井賞受賞。六四年帰国。六八年より八一年まで東京藝術大学に奉職。九二年芸術選奨文部大臣賞、九六年毎日芸術賞。二〇一四年文化勲章受章。文筆でも活躍し、七八年『四百字のデッサン』で日本エッセイスト・クラブ賞受賞。『パリ・キュリィ病院』『署名のない風景』『アトリエ日記』『じわりとアトリエ日記』ほか著書多数。

＊初出＝『こころ』Vol.21〜42

みんな忘《わす》れた——記《き》憶《おく》のなかの人《ひと》
二〇一八年五月一六日　初版第一刷発行

著者　野見山暁治
発行者　下中美都
発行所　株式会社平凡社
〒一〇一-〇〇五一　東京都千代田区神田神保町三-二九
電話〇三-三二三〇-六五八三〔編集〕
〇三-三二三〇-六五七三〔営業〕
振替〇〇一八〇-〇-二九六三九
印刷・製本　中央精版印刷株式会社
DTP　平凡社制作

ISBN978-4-582-83776-6
NDC分類番号914.6　A5判（21.6cm）　総ページ146
平凡社ホームページ　http://www.heibonsha.co.jp/
乱丁・落丁本のお取替は直接小社読者サービス係までお送りください（送料は小社で負担いたします）。